VLADIMIR SAFATLE

SOBRE A POTÊNCIA POLÍTICA DO INUMANO

CADERNOS ULTRAMARES

ORGANIZAÇÃO E PROJETO GRÁFICO

Marcos Lacerda, Ana Paula Simonaci e Sergio Cohn

CONSELHO EDITORIAL

André Botelho

Bernardo Esteves

Boaventura de Souza Santos

Evelyn Goyannes Dill Orrico

Fréderic Vanderberghe

ISBN 9786586962574

azougue press |
coordenação geral Sergio Cohn
coordenação editorial
Sergio Cohn — Darien Lamen — Cristián Jiménez Plaza
Brasil | CNPJ 12.272.339/0001-26
Portugal | Oca Editorial NF 515805394
USA | E. Id. 803650511
Chile | Tucán Ediciones RUT 77.369.106-1

A proposta dos Cadernos Ultramares é transpor fronteiras. Não apenas geográficas, com a edição de um amplo panorama do pensamento brasileiro para o público português, mas também entre as áreas do saber, criando uma coleção transdisciplinar, acessível não apenas para leitores especializado, pesquisadores e acadêmicos, como para interessados em geral.

Para isto, os Cadernos Ultramares privilegiam a leveza do ensaio, a "brigada ligeira", utilizando-se de um gênero marcado pela abertura e experimentação, uma forma privilegiada para a proposição e a apresentação de interpretações da cultura e da sociedade. Nos últimos anos, o gênero ensaio tem sido revalorizado como um importante meio de diálogo entre a pesquisa acadêmica e a sociedade.

O Brasil possui uma produção riquíssima de pensamento em diversas áreas, que vão da física à antropologia, da matemática às artes. Os Cadernos Ultramares, ao trazerem importantes textos de alguns dos nossos mais renomados pensadores, sejam clássicos ou contemporâneos, busca possibilitar ao leitor um olhar amplo e qualificado sobre essa produção.

Interessa-nos a constituição de um diálogo entre áreas, de uma conversa aberta que escape das armadilhas do pensamento especializado e do produtivismo acadêmico. Interessa, antes de tudo, a valorização do encontro do leitor com o sabor do texto, do prazer da leitura e da troca livre de pensamento.

apresentação
POR Marcos Lacerda

Vladimir Safatle é um dos principais pensadores brasileiros contemporâneos. Muito provavelmente deva ser aquele que tem a obra com maior consistência, organicidade, inventividade e contemporaneidade, entre os seus pares, no âmbito do pensamento filosófico. Além do mais, ele atua como intelectual público, interferindo diretamente no debate político através de textos em jornais de grande circulação, revistas de cultura e participação em programas de entrevistas relacionadas ao jornalismo político. Por fim, Safatle é também crítico musical e de arte de peso, com alguns artigos e ensaios de excelência, e professor de filosofia da USP, a Universidade do Estado de São Paulo.

Sua obra é vasta e está em processo de criação e renovação permanentes. O filósofo acaba de publicar, por exemplo, um novo livro, neste ano de 2019: "Dar corpo ao impossível: o sentido da dialética a partir de Theodor Adorno", em que discute a importância e a atualidade conceitual da dialética negativa de Adorno em debate profundo com a intelectualidade mundial, ao mesmo tempo em que dialoga sobre o legado do conceito no debate feito no Brasil, com autores como Paulo Arantes, Bento Prado Junior e Roberto Schwarz, que estão também presentes na coleção Cadernos Ultramares. O tema da negatividade, como conceito filosófico fundamental, está presente desde os seus primeiros trabalhos de peso, como no caso do livro "A paixão do negativo: Lacan e a Dialética" (2005), resultado da sua tese de doutorado.

Além dos dois livros mencionados publicou ainda "Cinismo e falência da crítica" (2008), "Circuito dos afetos" (2015) e vem trabalhando em ensaios e artigos muito significativos, casos de "Do uso da violência contra o Estado ilegal", publicado no livro "O que resta da democracia" (2010), e "Sobre a potência política do inumano: Retornar à crítica ao humanismo" (2009), para ficar em alguns exemplos.

Sua obra tem sido pautada por uma reflexão densa, de âmbito filosófico, mas de uma filosofia que se cruza com as ciências humanas, sobre o tempo presente, o capitalismo contemporâneo, as formas sociais da sociedade moderna no século XXI. Ao mesmo tempo em que atua como intelectual público brasileiro que se pergunta a respeito dos caminhos da esquerda mundial e seus ecos no contexto do capitalismo dependente e profundamente desigual de países como o Brasil, transformado em, como ele bem o diz, laboratório de experimentação do neoliberalismo com o autoritarismo fascista da chamada "nova direita".

Em Cinismo e falência da crítica apresenta um diagnóstico sobre o tempo presente, com a hegemonia do cinismo pós-moderno como o traço cultural por excelência do capitalismo contemporâneo, como se o capitalismo risse de si mesmo, se colocasse em xeque no âmbito do imaginário ao mesmo tempo em que o sistema de exploração perversa continua atuando de forma ainda mais perversa e violenta. A astúcia da dominação, neste caso, se dá através do efeito da autoironia, da dessublimação repressiva, da "libertação" como consumo e espetáculo publicitário, do desejo de repetição dos símbolos hiperfetichizados associados à produção artística, no âmbito do espetáculo que inibe a crítica social efetiva e a forma crítica na arte. A meu ver, aliás, poucas movimentações artísticas no Brasil prefiguraram tão bem a estetização da razão cínica e soaram tão notadamente como representação do pensamento conservador de fundo "pós-moderno" no Brasil quanto o tropicalismo, para usar um exemplo tão comemorado pela crítica brasileira.

Do cinismo pós-moderno chegamos ao reconhecimento identitário e o multiculturalismo liberal, traços culturais significativos do novo ethos do capitalismo contemporâneo, como se pode ver em textos como "Por um conceito "Antipredicativo" de reconhecimento" em que faz uma das críticas mais contundentes às modas intelectuais associadas à teoria do reconhecimento, em especial através de nomes como os de Axel Honneth, e às teorias associadas aos movimentos identitários como supostas superação da questão, cada vez mais urgente, da luta de classes e do proletário como sujeito paradoxal do impessoal, da despersonalização e da "fala de ninguém", como figuração do possível na luta pela transformação das condições materiais e imateriais de existência.

Este ensaio está presente no livro "Circuito dos afetos", obra que apresenta uma teoria própria do social, na encruzilhada entre a filosofia, a sociologia, psicanálise, literatura e arte moderna. No mesmo livro, podemos mencionar também o texto "Uma certa latitude: Georges Canguilhem, biopolítica e vida como errância", uma discussão a respeito do conceito de vida, ampliando o regime de discurso sobre o conceito para além da dimensão epistemológica, trazendo para o centro do debate uma espécie de ontologia da vida como impulso vital de afirmação da política e da criação de singularidades que negam a conciliação à normatividades pressupostas.

Para a coleção Cadernos Ultramares selecionamos dois textos, "Sobre a potência política do inumano: retornar a crítica ao humanismo", publicado originalmente no livro "A condição humana: aventuras do homem em tempos de mutação", organizado por Adauto Novaes (2009), e "O esgotamento da forma crítica como valor estético", publicado no livro "Cinismo e falência da crítica". Vamos tratar de cada um destes textos abaixo.

Comecemos pelo primeiro, em que está em jogo uma reflexão a respeito da condição humana em tempos de mutações, em especial com a rotinização das tecnologias da informação e o aparecimento de tecnociências de mercadorias, como a engenharia genética, a biotecnologia e a inteligência artificial que embaralham o que entendemos por humano e não--humano, vida orgânica e domínio do inanimado e nos colocam em aberto uma série de questões éticas e morais a respeito do que seria a "humanidade do homem", o humano e o humanismo.

Parte significativa da crítica às consequências impremeditadas das novas tecnociências e da rotinização das tecnologias da informação nasce do pressuposto de que corremos o risco de romper todas as barreiras éticas e morais que preservam a "humanidade do homem" ao aderir a uma lógica de gestão biopolítica, conduzindo a um processo tão radical de autonomização da racionalidade instrumental e alienação do "mundo da vida", a ponto de nos levar para uma mercantilização da vida em geral e do próprio humano. A máquina capitalista estaria próxima de sua realização fatal — a transformação da vida em objeto manipulável por uma ciência integrada na tecnologia e no mercado, e a alteração ontológica do humano com os experimentos genéticos capazes de gerar híbridos entre humanos e animais, e entre o domínio orgânico e o domínio não-orgânico, dos objetos inanimados.

Uma solução para se contrapor à gestão biopolítica e às tecnociências de mercadorias seria um retorno ao humanismo, em especial à preservação da "humanidade do homem", mantendo assim a autonomia ontológica do humano, não só como princípio regulador da política, da moral e do conhecimento, mas também como espécie diferenciada substancialmente dos animais não-humanos e dos objetos inanimados. O humano como universal, autônomo, autêntico e impossível de ter a sua essência alterada. O trabalho da crítica, assim, seria o de uma restauração de uma autopercepção universal do humano como humano, só possível através de uma retomada do humanismo, com o pressuposto de uma diferenciação substantiva entre humano e não-humano.

No entanto, como o diz Safatle através da sua instigante indagação a respeito dos caminhos contemporâneos possíveis para se pensar o problema da gestão biopolítica da vida e do humanismo

"Seria correto dizer que nosso destino só conhece duas vias: a defesa do humanismo ou a aceitação da gestão biopolítica que alcança dimensões decisivas graças ao desenvolvimento contemporâneo da técnica? E se mostrássemos que há uma solidariedade profunda entre essas duas posições, se mostrássemos que devemos, ao mesmo tempo, criticar as duas posições?"

E é aí que está a questão. A gestão biopolítica da vida contemporânea é parte de um movimento mais amplo que toca no fundamento e mesmo fundação da modernidade, como o desdobramento de um processo que vem acompanhado da sacralização da vida comum, a vida de "rebanho", a vida da zoé, a "animalização" do humano, que deve ser entendido como uma sua "domesticação" e despotencialização, em contraponto à bíos, como vida qualificada, para além da dimensão meramente orgânica de sobrevivência biológica. O fundamento da política moderna e, por extensão, do próprio humanismo, é uma forma de política como administração da vida comum. Daí a imagem fundante da modernidade: o humano como espécie universal, "abstrata", transcendental, a "humanidade do homem" como substrato metafísico comum a todos os humanos do planeta. A política por excelência seria a gestão e preservação de fundo terapêutico dessa essência humana, desse substrato metafísico, em suma, dessa suposta universalidade.

A gestão biopolítica contemporânea, realizada através de uma junção indissolúvel entre técnica, ciência e mercadoria, ao que parece, é uma intensificação — sem precedentes — desse mesmo processo: a política como gestão da vida no sentido de preservação terapêutica dos mecanismos de sobrevivência biológica, tendo como base e pressuposto uma concepção de humano como universal "abstrato", em suma, como vida comum.

Se há, de fato, uma relação de continuidade entre o humanismo da "humanidade do homem" e a gestão biopolítica contemporânea, qual seria então a alternativa possível para se repensar os "signos do homem" de uma outra maneira? Se a história do conceito do homem deve ser interrogada permanentemente, e assim apresentando os seus limites culturais, linguísticos, históricos e metafísicos, quais seriam então os limites da "humanidade do homem" do humanismo e como "superar" estes limites não só no seu aspecto ontológico, mas também político? É neste lugar que se insere o potencial político e ontológico do inumano, que dá título ao ensaio, passando pela "animalidade", pelo radicalmente impessoal e despersonalizado e pelo monstruoso e anômalo, entendidos como potenciais inventores a caminho de novas formas, desvinculadas da concepção da política como mera administração da vida.

Não deixa de ser interessante mostrar que, ao definir uma das características do inumano no primeiro texto, a radicalidade do impessoal, Safatle mencione como exemplo a estética modernista em autores como Kafka e Beckett: o tema do próximo texto está diretamente relacionado à questão da estética modernista, em especial à perda de força da forma crítica modernista nas sociedades contemporâneas, como instância da criação artística no capitalismo contemporâneo. Para isso, Safatle faz uma apresentação a respeito da arte no modernismo, com atenção especial para a música. O que caracteriza, em grande medida, a arte e a crítica moderna é a presença de um traço significativo de "formalismo", no sentido de uma autonomização da forma como instância capaz de clarear, trazer para o sentido manifesto o que estava obscurecido por latências associadas ao próprio mecanismo de fetiche das mercadorias. Para isso, é necessário um distanciamento crítico e reflexivo, contraposto a uma adequação à aparência das coisas, a uma conciliação com o que se apresenta como realidade no sentido fenomênico. Este distanciamento conduziu a um processo de autonomização da forma a ponto de direcionar a arte a uma racionalização própria que a levou a criar, por sua vez, as suas próprias instâncias de legitimação, para pensar nos termos de Max Weber, mencionado por Safatle. Há assim dois elementos a ser destacados: uma espécie de hermenêutica da suspeita, com o distanciamento crítico em relação ao mundo das aparências fenomênicas, e um processo de autonomização da forma.

Ora, o mundo das aparências fenomênicas não é um mundo sem mediação social, política, cultural e econômica. Trata-se da forma social do capitalismo com sua permanente objetivação fantasmática da mercadoria. Pensado desse modo, a arte e, por extensão, a crítica teriam como condição principal, ao menos no âmbito do modernismo artístico, revelar o que há por-detrás dessas objetivações fantasmáticas, ao invés de se conciliar com elas e, ao mesmo tempo, apontar para a criação, no âmbito estético, de novas formas de sensibilidade capazes de ir e estar além do obscurantismo fantasmático da produção de mercadorias. O exemplo mais notório dessa autonomização da forma como expressão de uma dimensão crítica da arte moderna é a música. Como se a música moderna, mais propriamente a música que emerge como expressão de um esgotamento da forma tonal, fosse capaz de trazer à tona a *Outra cena*, tornada oculta pelos diversos espelhamentos e mascaramentos da forma social do capitalismo. Nesse sentido a música seria, entre as artes, a expressão mais clara do distanciamento crítico, da autonomização da forma e da criação de linhas de fuga em relação à sociedade da objetivação reificada das mercadorias.

No entanto, na contemporaneidade, a forma crítica da arte entra em processo de permanente marginalização, e o que se vê é uma espécie de imersão cínica na realidade social fetichizada do capitalismo, com uma rejeição da própria crítica como instância de negatividade, e o retorno do tonalismo, para ficarmos no exemplo da música. Colocada de lado, ou mesmo, obscurecida, a forma crítica e a negatividade passam a habitar o domínio do informe, do que não pode ser trazido à vida, do não-dito que, no entanto, pode, em algum momento, reaparecer e nos permitir pensar novas formas de vida, criação e ideias. Sem temer o inumano e sua potência política, radicalmente impessoal.

SOBRE A POTÊNCIA POLÍTICA DO INUMANO

RETORNAR À CRÍTICA DO HUMANISMO

Não se trata do elogio aristotélico da temperança e do meio-termo. Talvez, pelo contrário, de um elogio dos extremismos e suas reviravoltas, ou de uma crítica da estabilidade exigida pelas visões de mundo.
Bento Prado Jr.

O homem é aquele que tem relação com o seu fim, no sentido fundamentalmente equívoco dessa palavra.
Jacques Derrida

Disse aos fundadores da União Humanista, que me convidaram a ser membro: "Se o clube chamasse União inumana, talvez eu estivesse pronto a entrar, mas não posso me associar a um que se autoproclama 'humanista'."
Theodor Adorno

É cada vez mais aceito certo diagnóstico de época que determina o presente como era do esgotamento da humanidade do homem. Compreendemos que o projeto filosófico da modernidade forjou, como uma de suas peças fundamentais, a imagem da humanidade enquanto qualidade do que é humano. Este seria seu legado fundamental, já que as possibilidades de realização social da humanidade do homem se colocariam como horizonte estável de regulação do que entendemos por sociedade justa e livre. A sociedade justa e livre seria aquela capaz de fornecer as condições institucionais para a realização de um projeto que o homem impôs para si, um projeto que permite ao Si mesmo manifestar-se através de atributos fundamentais que permitiriam implementar aquilo que poderíamos designar como a essência plenamente determinada do humano. Nesse sentido, nos acostumamos a ver nossas lutas políticas e nossas estratégias de crítica do existente fundamentadas na identificação de entraves para a transformação de tais atributos na forma jurídica de direitos gerais. Já nesse momento fundador da modernidade política, a saber, a Declaração dos Direitos do Homem e do Cidadão, de 1793, com seu primeiro artigo enunciando a felicidade geral como objetivo da vida social, o horizonte do político parece ser avaliado pela distância a percorrer a fim de implementar. socialmente os atributos que definem a humanidade do homem.

No entanto, o presente parece querer realizar algo mais próximo destas palavras de Michel Foucault: "O homem é uma invenção cuja arqueologia do nosso pensamento mostra facilmente a data recente. E talvez o fim próximo (...) pode-se apostar que o homem se dissolverá, como um rosto de areia na borda do mar."[1] Uma dissolução oceânica, que parece tragar, no mesmo movimento, a humanidade do homem e suas promessas de racionalização social. Ao fazer tal afirmação, há quarenta anos, Foucault pensava em uma certa libertação que só poderia ocorrer quando aceitássemos o desaparecimento inelutável do homem, da mesma forma que aceitamos passivamente os movimentos do oceano. No entanto, em vez de libertação, tendemos atualmente a pensar a morte do homem como *liquidação* das potencialidades do político em prol daquilo que o próprio Foucault chamou de entificação das "tecnologias de poder centradas na vida", ou seja, processos de controles baseados na gestão biopolítica dos corpos (e, por que não?, dos genes) na colonização dos desejos através de aparatos

---

1 FOUCAULT, Michel. *Les mots et les choses*. Paris: Gallimard, 1966, p. 398.

de gestão da sexualidade. Mas seria essa a razão para retomarmos formas de discursos edificantes sobre o humanismo enquanto modo de realização prática das condições para a afirmação da humanidade do homem? Seria correto dizer que nosso destino só conhece duas vias: a defesa do humanismo ou a aceitação da gestão biopolítica que alcança dimensões decisivas graças ao desenvolvimento contemporâneo da técnica? E se mostrássemos que há uma solidariedade profunda entre essas duas posições, se mostrássemos que devemos, ao mesmo tempo, criticar as duas posições?

Na verdade, é isso que gostaria de propor. O que implica retornar a algo que parece ultrapassado hoje em dia: a crítica ao humanismo, tão presente no pensamento francês dos anos 1970 (em especial, mas por razões diversas e com resultados distintos, Lacan, Derrida, Foucault e Deleuze) e que, à sua maneira, encontra ressonâncias profundas na Escola de Frankfurt, em especial em Theodor Adorno. Trata-se de autores que assumiram para si o problema posto claramente por Derrida, ecoando aqui uma perspectiva que, de uma certa maneira, vinculava-o a Nietzsche e Heidegger: "a história do conceito de homem nunca é interrogada. Tudo se passa como se o signo "homem" não tivesse qualquer origem, qualquer limite historico, cultural, linguístico. Nem mesmo qualquer limite metafísico".[2]

Mas eu gostaria de operar tal retorno à crítica ao humanismo a partir de um aspecto pouco explorado dessa crítica, a saber, a defesa do inumano. Isso significa defender que a capacidade de confrontação com o inumano é a condição maior para a regulação de toda e qualquer política que se queira ainda fiel a exigências gerais de emancipação. No entanto, é fato que aprendemos a associar o inumano à dimensão das catástrofes históricas, um pouco como se as portas da violência destruidora ou da desagregação normativa fossem sempre abertas quando esquecemos o que o homem deve ser, quais os atributos essenciais de sua

2 DERRIDA, Jacques. "Os fins do homem". In: *Margens da filosofia*. Campinas: Papirus, 1991, p. 154-155. De fato, há nesse grupo de autores ao menos duas vertentes distintas no que se refere à problematização do humanismo. Uma compreende tal problema como exposição do colapso da categoria reguladora de sujeito. Encontramos essa temática em autores como Deleuze, Derrida e, principalmente, Michel Foucault. Já um outro grupo, fortemente vinculado à tradição dialética (Lacan, Adorno), compreende tal problemática como momento necessário a ser superado através da renovação da teoria do sujeito. Tanto é assim que em momento algum nem Adorno nem Lacan abandonarão a figura do sujeito agente, embora também não afirmarão tentativas de regular tal agência a partir de conceitos que nos levariam a acreditar que a humanidade do homem já está realizada. A respeito da proximidade estratégica entre esses dois autores, ver, por exemplo, SAFATLE, Vladimir. *A paixão do negativo: Lacan e a dialética*, São Paulo: Unesp, 2006, p. 299-324.

humanidade, quais os predicados que o determinam. Sentimo-nos seguros ao reencontrar a imagem identitária do homem, a ponto de imaginar que a ausência de tal imagem só poderia gerar o caos e a deposição de todo projeto de racionalização social. O que não poderia ser diferente, já que a razão não é apenas um modo de se orientar no julgamento, mas normatividade que visa produzir uma forma de vida na qual a determinação completa da humanidade do homem seria possível. No entanto, gostaria de mostrar que esse modo de pensar é limitado, pois é na capacidade de se reconhecer naquilo que não porta a imagem identitária do homem que reside o fundamento para uma determinação não normativa e renovada da razão. Realizar uma humanidade liberada da imagem do homem pode nos fornecer um novo horizonte para as lutas políticas e as estratégias de crítica do existente.

AUTONOMIA, AUTENTICIDADE E UNIDADE

A fim de expor claramente a necessidade de retornar à crítica ao humanismo, devemos, inicialmente, compreender que homem é esse que atualmente se dissolve e o que podemos esperar desse processo histórico certamente irreversível.

Digamos ser esse homem que atualmente se dissolve, principalmente, o suporte de três atributos determinantes que tradicionalmente definem a humanidade do homem. A significação de tais atributos confunde-se com o próprio desenvolvimento do pensamento moderno. Primeiro, temos a autonomia individual da vontade e das condutas. Essa autonomia estaria vinculada à capacidade de os sujeitos porem para si mesmos a sua própria Lei moral, transformando-se assim em agentes morais capazes de se autogovernar. Por um lado, ao serem os legisladores de si próprios, os sujeitos poderiam se *autodeterminar*. Essa ideia de autodeterminação é central, pois traz para dentro do humano um movimento próprio àquilo que conhecemos por "substância primeira", a saber, o movimento de ser causa de si mesmo, *causa sui*. O sujeito autônomo pode se autodeterminar porque a causa de sua ação lhe é imanente, ela não lhe é externa, já que é fruto de sua própria liberdade.

Por outro lado, por serem autônomos, os sujeitos são aptos a deliberar racionalmente no solo seguro de sua *interioridade*, como quem cria uma espécie de "tribunal mental" em que julgo meus próprios atos, realizados ou potenciais, no qual tomo distância de minhas inclinações e desejos apoiando-me na Lei que me faz sujeito. Por serem capazes de julgar a si mesmos, os sujeitos são *imputáveis*, são responsabilizados por aquilo que fazem e desejam, já que poderiam, através de deliberação racional, sempre fazer outra coisa, impor uma norma a desejos que julgam irracionais e imorais. O que explica por que, até hoje, os não dotados de autonomia (por serem loucos ou por não terem desenvolvido aptidões psicológicas necessárias para tanto, como as crianças) não são juridicamente imputáveis.

Se o primeiro atributo da humanidade do homem é a autonomia, o segundo seria à *autenticidade*, que permite aos sujeitos postularem expectativas de expressão da *individualidade* autônoma nas dimensões sociais do trabalho e da linguagem. Tradicionalmente, a autenticidade permite aos sujeitos se reconhecerem na exterioridade enquanto individualidades insubstituíveis capazes de produzir e se expressar a partir de *estilos* singulares. Estilo aqui deve ser compreendido como "modalidade de integração do individual em um processo concreto que é trabalho e que se apresenta necessariamente em todas as formas de prática."[3] Tais individualidades, através da singularidade do estilo, conseguiriam dar forma ao que tinha sua

3 ANGER, Gilles-Gaston. *Filosofia do estilo*. São Paulo: Perspectiva, 1974, p. 17.

realidade ligada, até então, apenas à intencionalidade alojada na irredutibilidade da pura interioridade. Nesse sentido, a autenticidade é um atributo que garante a existência, de direito, de *um princípio de expressibilidade entre a potencialidade de minha individualidade singular e a exterioridade intersubjetiva das dimensões da linguagem e do trabalho.*

Por fim, um terceiro atributo que deve ser lembrado é a *unidade reflexiva* do que é consciente de si mesmo. Essa unidade assegura os sujeitos no solo estável da *autoidentidade* capaz não apenas de garantir que todas as minhas representações mentais podem, de fato, ser reconhecidas como *minhas*, mas também de fundar a coerência da personalidade que faz do desenvolvimento psicológico um movimento no qual cada momento singular é o desdobrar de uma mesma identidade. Essa unidade poderia ser rompida, por exemplo, por sintomas ou por automatismos maquínicos nos quais não me reconheço mais em mim mesmo. Lembremos como o inconsciente em Freud aparece, em larga medida, como o domínio do *Es*, ou seja, do *Isso*, que aparece como um corpo estranho no interior do Si mesmo, como algo que teima em não se submeter à primeira pessoa do singular para alojar-se na terceira pessoa indeterminada. No entanto, a princípio acreditamos que rupturas dessa unidade são situações patológicas que poderiam ser superadas por meio da reconstrução de unidades menos rígidas, mas nem por isso menos efetivas em seu poder de síntese.

Que autonomia, autenticidade, unidade e seus conceitos derivados como imputabilidade, autodeterminação, individualidade, estilo, interioridade, autoidentidade sejam os atributos cardeais da humanidade do homem, eis algo que nos explica por que encontramos tais termos na constituição dos horizontes de regulação dos múltiplos campos de reflexão da ação humana. Por exemplo, não é um mero acaso que "autonomia" (e seu oposto, "alienação") seja um termo fundamental tanto para a filosofia moral quanto para a política, para a clínica dos fatos psicológicos e para a estética (cuja fundação do seu campo se confunde exatamente com as discussões relativas à autonomia da obra de arte, ao advento da forma autônoma).

O mesmo vale para "autenticidade", valor-chave tanto para a estética quanto para a crítica à estereotipia do mundo do trabalho colocado em circulação, por exemplo, na crítica social animada por maio de 1968 com suas exigências de repensar as práticas a partir da criatividade e do fim da uniformização, como nos demonstraram os sociólogos Luc Boltanski e Eve Chiapello.[4] A autenticidade ainda aparece no campo do político quando falamos da "espontaneidade" das massas e dos movimentos sociais como uma espécie de valor regulador. Da mesma forma, a clínica dos fatos psicológicos descreve o bloqueio da autenticidade através, por exemplo, da fala vazia, (para usar um termo caro a Jacques Lacan). Não creio ser necessário insistir na polissemia de "unidade". Até porque essa presença dos termos em campos autônomos de saberes e práticas indica apenas como, em todo lugar onde é questão do homem, deparamos com o mesmo horizonte de validação e julgamento.

No entanto, não deixa de ser bastante sintomático que autonomia, autenticidade e unidade sejam atributos fundamentais da humanidade do homem porque, à sua maneira, eles também são atributos do ser divino. Como se costuma dizer, o homem (esse mes-

4 HOLTANSKI, LUC e CHIAPELLO, Eve. *Le nouvel esprit du capitalisme*. Paris: Gallimard, H99. Entre outras coisas, encontramos aqui a exposição de como a desregulamentação do mundo do trabalho e a elevação de noções como "flexibilidade", "risco", "modificação contínua" à dispositivos de justificação do ethos capitalista está intimamente ligada à absorção, pelo próprio capitalismo, de uma crítica feita a partir de exigências de autenticidade e que encontrou impulsão a partir dos movimentos de maio de 1968. Crítica ao capitalismo que os autores chamam de "crítica artista", pois vinculada às tentativas de efetivação de um modo do vida boêmio em que era questão de denunciar o desencantamento e a inautenticidade do mundo do trabalho.

mo homem resultante do projeto filosófico da modernidade desencantada) é feito à imagem e semelhança de Deus. E os traços dessa semelhança são, no fundo, a partilha de atributos que fornecem horizontes reguladores como: ser causa de si mesmo (autonomia), não conhecer nenhuma diferença irredutível entre potência e ato (autenticidade), ser sempre idêntico a si mesmo na multiplicidade de suas ações (unidade). Como dirá Deleuze: "Humanos ou divinos, são sempre os mesmos predicados, quer eles pertençam analiticamente ao ser divino, quer eles sejam sinteticamente ligados à forma humana".5 Frase decisiva por insistir em que o que garante a forma do humano não é distinto do que constitui o projeto teológico que marca a autoconsciência diferencial do Ocidente. O que nos leva à perguntar se as tentativas de conservar a humanidade do homem não seriam, no fundo, maneiras relativamente astutas de perpetuar o pensamento ocidental sob a sombra de uma certa teologia que não tem coragem de dizer seu nome. *Como se o homem fosse, no fundo, um astuto projeto teológico-político*, um projeto teológico que se impõe em suas consequências sociopolíticas. Nesse sentido, por mais contraintuitivo que possa parecer, a crítica ao

5 DELEUZE, Gilles. *Logique du sena.* Paris: Gallimard, 1969, p. 130.

humanismo é, na verdade, crítica à determinação do campo possível de experiências por modos de pensar herdados de construções teológicas. O que demonstra como o humanismo sempre foi *a continuação da teologia por outros meios.*

DIANTE DO SOFRIMENTO DE INDETERMINAÇÃO

Mas dizer isso é ainda dizer muito pouco. Pois, em última instância, falar que determinada forma de pensar tem parte com esquemas herdados de construções mítico-religiosas é trivial. Dificilmente encontraremos alguma forma de pensar que, de uma maneira ou de outra, não tenha parte com esquemas herdados de construções mítico-religiosas. Até porque, como dizia Hegel, tais construções são elaborações sociais que visam permitir aos sujeitos pensarem, ainda que de maneira não completamente elaborada, o que é incondicional e aspira ter validade universal. Nesse sentido, elas são momentos maiores, mesmo que ainda incompletos, de toda forma de pensar que reflete sobre universalidade e incondicionalidade.

No entanto, podemos nos perguntar sobre qual forma de vida esse projeto teológico-político ligado ao destino da categoria "homem" pressupõe. Quais experiências são possíveis e quais são impossíveis para o homem, sendo que "impossível" não significa aqui "inexistente", mas simplesmente "não pensável", da mesma forma que costumamos dizer de um objeto contraditório que ele não é pensável, que não é pensável que Sócrates seja, ao mesmo tempo e sob o mesmo aspecto, homem e não homem. Nossa pergunta deve ser: quais experiências estão impossibilitadas de serem pensadas e integradas à vida devido ao advento do homem? Todo projeto teológico impõe uma separação, o que nos leva a perguntar sobre o que está separado da experiência dos sujeitos devido ao advento do homem.

Essas são formas mais genéricas de questionar se os valores de autonomia, autenticidade, unidade e identidade não acabariam por produzir uma vida necessariamente mutilada, pois impossibilitada de integrar e pensar experiências que o homem necessariamente recalca, denega e expulsa para fora de si com todas as forças. Experiências que só poderiam ser pensadas lá onde a imagem do homem se dissolve, da mesma maneira que dissolvemos um rosto de areia na borda do mar. Pois gostaria de insistir nesse ponto: o homem é fundamentalmente uma *forma de pensar*.[6] Isso fica claro se lembrarmos que sua *unida-*

6 O que já havia ficado claro quando Kant elevou o cogito a mera função lógica de unificação sintética dos objetos da experiência. No entanto, devemos lembrar como essa elevação não é independen-

de pressupõe a elevação do princípio de identidade e de não contradição à condição de postulados ontológicos. Sua *autonomia* pressupõe a crença em estratégias de constituição transcendental de objetos da experiência. Sua *autenticidade* pressupõe a realidade de termos singulares. Esses três procedimentos articulados conjuntamente produzem aquilo que um dia Deleuze chamou de *imagem do pensamento,* maneira que o pensamento tem de constituir objetos e processos que apenas reiterarão as regras gramaticais que ele naturalmente aceita como pressuposto não questionável.[7]

Nesse sentido, gostaria de colocar uma hipótese a ser avaliada: o homem como entificação de um certo regime de pensar é, além de um projeto teológico-político, um projeto eminentemente *terapêutico.* Enten-

te de um verdadeiro programa antropológico presente de maneira não dita na antecâmara do encaminhamento transcendental kantiano. A meu ver, esse é o sentido fundamental da crítica de Theodor Adorno à noção kantiana de subjetividade transcendental. Basta tirarmos as consequências de afirmações como: "Mesmo o Eu, a unidade sintética de apercepção, a instância que designa em Kant o ponto mais alto ao qual se deve vincular toda a lógica, é, na verdade, tanto o produto quanto a condição da existência material" (ADORNO e HORKHEIMER. *Dialektik der Aufklärung.* Frankfurt: Fischer, 1988, p. 94). Isto nos leva a perguntarmos o que haveria por trás dessa forma de pensar que se entifica na figura do homem.
7 Sobre a noção de "imagem do pensamento" em Deleuze ver, sobretudo, DELEUZE, Gilles. *Proust et les signea.* Paris: PUF, 2006, p. 115-127.

damos terapia aqui como conjunto de procedimentos que visam tanto impor uma certa normalidade como padrão de normatividade da vida quanto fortalecer a vida, assim normatizada, contra tudo o que possa adoecê-la, tirá-la da sua norma.

Quem diz terapia se refere à procura por livrar-se de um estado anterior de sofrimento. De fato, o homem enquanto projeto regulador fundamental da modernidade aparece como mecanismo de defesa contra um estado de sofrimento que bem poderíamos chamar, seguindo Axel Honneth, de "sofrimento de indeterminação".[8] A este respeito, lembremos destas palavras decisivas de Hegel, talvez o primeiro a compreender de maneira sistemática a modernidade como o momento histórico no qual o espírito "perdeu" a imediaticidade da sua vida substancial, na qual nada lhe aparece mais como substancialmente fundamentado em um poder capaz de unificar as várias esferas sociais de valores. Daí diagnósticos clássicos de época como: "[Nos tempos modernos] não somente está perdida para ele [o espírito] sua vida essencial; está também consciente dessa perda e da finitude que é seu conteúdo. [Como o filho pródigo], rejeitando os

8 Ver HONNETH, Axel. *Sofrimento de indeterminação: uma reatualização da filosofia do direito de Hegel*. São Paulo: Esfera Pública, 2007.

restos da comida, confessando sua abjeção e maldizendo-a, o espírito agora exige da filosofia não tanto o saber do que ele é, mas resgatar por meio dela aquela substancialidade e densidade do ser [*que tinha perdido*]"[9]

Décadas depois de Hegel, as teorias sociais de Durkheim e Max Weber constituirão quadros convergentes de caracterização da modernidade como era próprio a um certo sentimento subjetivo de indeterminação e anomia resultante da perda de horizontes estáveis de socialização. A autonomização das esferas sociais de valores na vida moderna, assim como a erosão da autoridade tradicional sedimentada em costumes e hábitos ritualizados, teria produzido uma perda de referências nos modos de estruturação das relações em si, uma problematização sem volta da espontaneidade de sujeitos agentes. A partir de então, o sujeito só pode aparecer como: "esta noite, este nada vazio que contém tudo na simplicidade desta noite, uma riqueza de representações, de imagens infinitamente múltiplas, nenhuma das quais lhe vem precisamente ao espírito, ou que não existem como efetivamente presentes (...) É esta noite que descobrimos

9 HEGEL, Georg Friedrich. *Fenomenologia do espírito*. Petrópolis: Vozes, 1992, p. 24. 5

quando olhamos um homem nos olhos, uma noite que se torna terrível, é a noite do mundo que se avança diante de nós." [10]

Digamos que o homem como projeto terapêutico aparece exatamente enquanto mecanismo de defesa contra tal noite do mundo que avança diante de nós. Interessante notar que Hegel, contrariamente a tal tendência, via essa noite como manifestação de uma *potência de indeterminação e de despersonalização* que habita todo sujeito.[11] Uma potência de indeterminação que é outro nome possível para aquilo que

10 HEGEL, Georg Friedrich. *JenaerPhilosophie*, p. 13.
11 Ver a esse respeito SAFATLE, Vladimir. *O amor é mais frio que a morte: negatividade, infinitude e indeterminação na teoria hegeliana do desejo*. Revista Kriterion, v. XLIX, n. 117. p. 95125. Isso nos leva a concordar com Derrida, para quem: "a Fenomenologia do espírito não se interessa por qualquer coisa a que possamos chamar simplesmente o homem. Ciência da experiência da consciência, ciência das estruturas da fenomenalidade do espírito relacionando-se com ele mesmo, ela distingue-se rigorosamente da antropologia. Na Enciclopédia, a seção intitulada Fenomenologia do espírito vem depois da Antropologia e excede muito explicitamente os limites desta" (DERRIDA, idem, p. 156). Nesse sentido, podemos mesmo dizer que história da Fenomenologia é a história do fim da finitude do homem, a história do colapso de uma analítica da finitude que exige a reconstrução completa da categoria de sujeito. É assim que compreendemos a afirmação de Ruy Fausto, segundo a qual não se trata de simplesmente negar o humanismo, mas de superá-lo, conservando aquilo que, mesmo fazendo parte de seu conceito, não pode ser por ele realizado (ver o clássico FAUSTO, Ruy. "Dialectique marxiste, humanisme, anti-humanisme". In: . *Marx, Logique et politique*. Paris: Publisud, 1986),

Hegel compreende por infinitude, já que o infinito é exatamente o que demonstra a instabilidade de toda determinação finita o colapso de toda analítica da finitude. Isso nos permite dizer que sujeito é, para Hegel, o nome de uma operação de inscrição da infinitude na dimensão do existente. O que nos explica por que os dois termos que Hegel mais utiliza para descrevê-lo são "fluidez" (Flisaigkeit) e "inquietude" (Unruhe). Fluidez e inquietude daquilo que expõe a instabilidade de toda determinação finita, até porque Hegel não se sente comprometido com a normatividade da figura antropológica do homem. Ao contrário, se o homem é a noite do mundo, é porque ele é esse animal que se constitui quando suporta a força de seu próprio desaparecimento, quando é capaz de constituir operações sintéticas com aquilo que nega.

Muito haveria para se dizer sobre essa maneira hegeliana de vincular teoria do sujeito e filosofia do infinito. Da mesma forma, remete a uma outra ocasião para mostrar como essa articulação revela o verdadeiro problema político legado por Hegel. Um problema que podemos, por enquanto, enunciar de maneira programática por meio da pergunta: como construir estruturas institucionais universalizantes capazes de dar conta de exigências de reconhecimento de sujeitos não substanciais que tendem a se manifestar como pura potência disruptiva e negativa? Talvez, para responder tal questão, devamos abandonar o homem.[12]

OU SERIA MELHOR DIZER:

DIANTE DO SOFRIMENTO DE DETERMINAÇÃO?

Digo isso porque nós, ao contrário de Hegel, aprendemos a esconjurar tal indeterminação brandindo a crença de que a articulação entre autonomia, autenticidade e procedimentos de unidade sintética derivados do Eu nos permitiria criar normatividades que nos orientaria de maneira segura no agir e no julgar. Gostaria de insistir nesse aspecto: a humanidade do homem e seus atributos aparecem como promessa de cura contra a indeterminação. Como se até hoje não parássemos de olhar o homem e dizer: "Fora desse Ser ou dessa Forma vocês só terão o caos".[13] Promessa de separação em relação a uma potência de indeterminação que nos desacostuma da finitude e que, assim,

12 Como veremos, esse abandono não implica, tal como em Heidegger, afirmar que: "não ó o Homem o Essencial, mas o Ser como dimensão do estático da ek-sistência (*Ek-sistenz*)" (HEIDEGGER, Martin. *Úber den Humanismus*. Frankfurt: Vittorio Lostermann, 1946, p. 22). Nesse sentido, só podemos falar, com Derrida, que não se trata de fazer a crítica ao humanismo tendo em vista assumir uma posição que nos coloque nas amarras de uma metafísica do ser como fundamento para a clarificação da humanitas.
13 DELEUZE, Gilles, op. cit., p. 129.

parece nos levar à dissolução de si. Por isso, contra esse projeto terapêutico assentado na perpetuação do homem, talvez devamos dizer com Deleuze: "Se nos perguntarem por que a saúde não basta, por que a quebra é desejável, é talvez porque sempre pensamos através dela e de suas bordas, e que tudo o que foi bom e grande na humanidade entra e sai por ela, em pessoas prontas a destruírem a si mesmas, e que é preferível a morte à saúde que nos propõem".[14]

Talvez a morte seja preferível porque é bem provável que nosso sofrimento mais aterrador não esteja exatamente vinculado a alguma forma de sentimento de indeterminação resultante da perda de relações sociais substancialmente enraizadas, estáveis. *Nosso sofrimento mais aterrador é esse resultante do caráter repressivo da identidade.* Essa é a temática maior de uma certa filosofia francesa contemporânea (Deleuze, Derrida), assim como da psicanálise lacaniana, e que encontra um eco profundo no interior da experiência intelectual adorniana (basta lembrarmos desta afirmação canônica de Adorno: "a "Identidade é a forma originária da ideologia").[15] A modernidade seria também a era histórica de elevação do Eu à con-

14 Idem, p. 188.
15 ADORNO, Theodor. *Negative Dialektik.* Frankfurt: Suhrkamp, 1975, p. 151.

dição de figura do fundamento de tudo o que procura ter validade objetiva. O que nesse caso significa: era do recurso compulsivo e rígido à autoidentidade subjetiva enquanto princípio de fundamentação das condutas e de orientação para o pensar.

Tudo se passa como se o pensamento contemporâneo tomasse consciência de que as expectativas emancipatórias da razão, essas expectativas que prometiam retirar o homem de sua minoridade e, como, dizia Descartes, ser "senhor da natureza", haviam produzido o inverso daquilo que era seu conceito. Uma inversão da emancipação em dominão de si que não deixava de estar ligada ao destino desse conceito que serve de fundamento à racionalidade moderna: o homem. Pois não foram poucos aqueles que insistiram na questão: quanto devemos pagar para que a unidade, a autonomia, a transparência e a identidade do homem possam se impor como realidade? O que deve acontecer com a experiência de nós mesmos para que ela possa ser vista como campo que se submete a tais categorias? E o que acontece com a experiência do mundo quando o fundamento da experiência é uma limitação do sujeito a partir desses atributos?

Há uma maneira de responder tais perguntas que passa por tentar definir o que seria um sujeito que não pudesse mais ser pensado a partir dos atributos que fundam a humanidade do homem. Ou seja, um sujeito que seria a realização do inumano.

Primeiro, não devemos compreender o inumano como o conjunto heteróclito de tudo aquilo que não é conforme à imagem do homem. Pois isso significaria definir "humano" e "inumano" a partir de uma relação de exterioridade indiferente, sendo que, na verdade, os dois termos tecem uma profunda relação complementar de oposição. Quando dizemos, por exemplo, que "as condições de trabalho são inumanas", mostramos como "inumano" designa o que define "humano" por exclusão. Ele é o que o humano nega para se afirmar como tal. Ele é o que o homem nega para poder se reconhecer na imagem do humano. Uma negação ainda mais forte porque, diga-se de passagem, o inumano é uma potencialidade para a qual o homem sempre pode retornar. *Ele é o limite interno do homem*. Mas, se definirmos a humanidade do homem por meio da articulação conjunta dos atributos de autonomia, autenticidade e unidade, então não será motivo de surpresa descobrir que as três figuras fundamentais do inumano são desarticulações desses três atributos.

Contra a autonomia, o inumano aparece como a esfera de animalidade sempre potencialmente presente no homem. Encontramos aqui a distinção entre *humanitas* e *animalitas*. Pois a animalidade indicaria a submissão cega da conduta ao regime mecânico de causalidade da natureza. Como se a natureza fosse necessariamente o outro da liberdade, o espaço no qual a liberdade humana não pode se encontrar, Temos o direito de perguntar se o que sabemos atualmente da natureza não nos exigiria rever tal dicotomia.

Mas afirmar a necessidade de a humanidade não passar pela animalidade, diferenciar-se radicalmente da animalidade, significa principalmente negar com todas as forças tudo o que, em mim, guarda uma afinidade mimética com o que não é imediatamente humano. Negação que se inverte facilmente em dominação e violência contra o que, em mim, teima em se ver nos olhos opacos de um animal. Assim, a afirmarção peremptória da humanidade do homem acaba por se transformar em selvageria contra tudo o que, em mim, ainda guarda os traços da animalidade (como os impulsos, as pulsões, os desejos "patológicos"). Dessa forma, a humanidade se realiza sob a forma invertida da animalidade distorcida, da brutalidade animalesca. Uma brutalidade que só pode ser desativada recuperando a dimensão do inumano.[16]

Por sua vez, contra a autenticidade, o inumano seria a dimensão do radicalmente impessoal e despersonalizado. Nesse contexto, devemos entender por "impessoal" o que não pode mais ser individualizado através da realidade institucionalmente reconhecida da pessoa ou da personalidade psicológica do Eu. "Não poder mais" são palavras que designam uma temporalidade precisa por indicar aquilo que, dentro de mim, resiste a continuar se submetendo à forma de um Eu. Se aceitarmos que o Eu, como bem mostrou o psicanalista Jacques Lacan, é resultado de um processo de alienação fruto de socializações que operam fundamentalmente através de identificações nas quais internalizo modos de síntese e qualidades de um outro,[17] e se lembrarmos que "pessoa", tal

16 Para a descrição desse processo de inversão da humanidade em animalidade distorcida, ver HORKHEIMER, Max. "The Revolt of Nature". In: . *Eclipse of Reason*. Londres: Continuum, 1996, p. 63-86.
17 Lacan insistirá que o Eu é uma instância que se forma através do reconhecimento de si na imagem especular ou da identificação com a imagem de um outro bebê. Tal processo, conhecido como estádio do espelho, é uma operação mimética de assunção de papéis e imagens ideais. No entanto, ela não significa consolidação de uma relação comunicacional entre sujeitos. Lacan procurou demonstrar como as múltiplas figuras da agressividade e da rivalidade na relação com o outro eram sintomas estruturais da impossibilidade de o Eu assumir o papel constitutivo do outro na determinação interna

como a compreendemos hoje, é uma categoria derivada historicamente do direito romano de propriedade (dominuas), uma categoria que, por ainda guardar os traços de sua origem, era vista por filósofos como Hegel como "expressão de desprezo"'[18] devido a sua natureza meramente abstrata e formal advinda da absolutização das relações de propriedade, podemos dizer que o impessoal é essa forma corrosiva que me permite pensar o Si mesmo para além dos modos de individuação próprios a pessoa jurídica de direitose do Eu psicológico. Nesse sentido, lembremos como, para Hegel, a absolutização da pessoa só poderia levar a equívocos como os de pensar toda relação intersubjetiva a partir da forma do contrato entre proprietários. Exemplo desse "barbarismo", segundo o filósofo alemão, seria a maneira com que Kant compreende

da sua própria identidade. Pois o Eu é um princípio de organização que funciona como uma "estrutura rígida" de coesão das condutas e crenças, uma "armadura" que leva toda tentativa de afirmar o que não se submete à autoidentidade a aparecer sob a forma do conflito, do sintoma, da inibição e da angústia. Ver, por exemplo, LACAN, Jacques. "Le stade du miroir". In: . *Écrits,* Paris: Seuil, 1966.

18 HEGEL, Georg Friedrich. Fenomenologia do espírito II. Petrópolis: Vozes, 1992, p. 33. Para uma exposição geral sobre o advento da noção de "pessoa", ver MAUSS, Marcel. "Uma categoria do espirito humano: a noção de pessoa, a de 'Eu'". In: *Sociologia e antropologia.* São Paulo: Cosac & Naif, 2003, p. 367-398.

19 ADORNO, Theodor. *Ásthetische Theorie.* Frankfurt: Suhrkamp, 1973, p. 179.

o casamento como um contrato de duas pessoas de sexo diferente tendo em vista a possessão recíproca das qualidades sexuais do outro.

Por outro lado, vincular o Si mesmo à dimensão do impessoal é certamente uma operação contraintuitiva. Quando dizemos, por exemplo, "Este texto é impessoal", queremos dizer que ele é desprovido de estilo por ter a linguagem de "ninguém", que ele é inexpressivo. No entanto, não é um mero acaso que os momentos mais decisivos da arte contemporânea tenham sido animados pela luta contra a expressão e o estilo, temática modernista por excelência. Tratava-se de denunciar o estilo como depositário de uma gramática reificada de formas, assim como de ver na expressão subjetiva a tentativa de entificar uma "segunda natureza". Que um dos maiores escritores do século XX (Franz Kafka) tenha usado uma linguagem desafetada, que mimetiza a impessoalidade seca desta "fala de ninguém" que é a linguagem burocrática, demonstra claramente como "a arte conhece a expressão do inexpressivo, o choro a que faltam lágrimas."[19] Como nos mostrou Beckett, a arte fiel ao seu conteúdo de verdade desconfia do pronome pessoal da primeira pessoa.

20 FANGUILHEM, Georges. *O normal e o patológico.* 5º ed. Rio de Janeiro: Forense, 2002, p. 101.

Por fim, contra a unidade, o inumano seria a esfera do monstruoso. Mas entendamos por "monstruoso" aquilo que é da ordem de um grau elevado de anomalia, e podemos seguir Georges Canguilhem e afirmar: "anomalia vem do grego *anomalia* que significa desigualdada, aspereza; *omalos* designa, em grego, o que é uniforme, regular, liso, de modo que anomalia é, etimologicamente, *an-omalos,* o que é desigual, rugoso, irregular, no sentido que se dá a essas palavras, ao se falar de um terreno".[20] Nesse sentido, a monstruosidade do inumano significa uma irregularidade tal que já não pode ser pensada sob a forma normativa do humano, sem com isso alcançar outra forma plenamente realizada. Por isso, há sempre algo de amorfo e informe em toda monstruosidade.

Mas podemos aqui colocar uma questão central que Canguilhem enuncia a respeito da monstruosidade: "Na medida em que seres vivos se afastam do tipo específico, serão eles anormais que estão colocando em perigo a forma específica, ou serão inventores a caminho de novas formas?"[21] Nesse sentido, não se-

21 Idem, p. 110. Um traço emancipador no interior da queer theory de Judith Butler está vinculado exatamente a essa compreensão de que o monstruoso (queer, cuja tradução aproximada seria "estranho", "esquisito") no campo da sexualidade é muitas vezes a primeira figuração de novas formas de vida. Ver, por exemplo, BUTLER, Judith. *Problemas de gênero.* Rio de Janeiro: Civilização Brasileira, 2004.

ria o inumano, enquanto potência que corrói a forma determinada do humano, a condição para que os sujeitos deixem de ser escravos de uma forma normativa do homem? Forma necessariamente ligada a uma *figura atualmente realizada* do homem? Se levarmos em conta que toda verdadeira experiência histórica enquanto ruptura da repetição morta do passado foi ação que trouxe no seu bojo a problematização da figura atual do homem, então podemos nos perguntar se nossa incapacidade de pensar e de integrar o inumano a nossas formas de vida não seria o sintoma mais claro do *medo da história* e, mais profundamente, do medo da política, já que podemos dizer que a política não é, como dizia Aristóteles, o atributo principal desse animal que é o homem, *zoon politikon*. Ao contrário, ela é esse espaço no qual o homem procura incessantemente criar modos de reconhecimento no inumano, dessa noite do mundo que nos exige ir lá até onde a imagem de si não alcança.

A VERDADEIRA CATÁSTROFE

Eu gostaria de terminar este artigo explicando tal ponto por meio do comentário de uma tragédia gre-

22 "O Deus dos mortos, que adormece a todos, leva-me viva para os seus domínios sem que alguém cante o himeneu por mim, sem

ga, Antígona. Pois aprendemos a definir as catástrofes sócio-históricas como resultado do esquecimento dos atributos essenciais da humanidade do homem, Gostaria de dizer o contrário, que tais catástrofes são resultantes da incapacidade de se reconhecer naquilo que não tem mais a forma do homem. E isso nós sabemos desde Antígona.

Muito haveria para se dizer a respeito dessa tragédia que parece acompanhar, ao menos desde o idealismo alemão, a reflexão sobre a tensão entre exigências de reconhecimento da subjetividade e as estruturas da normatividade social. Muito haveria para se dizer principalmente no que se refere às mutações que a interpretação dessa tragédia sofreu ao longo do tempo. No entanto, gostaria apenas de insistir em um aspecto fundamental salientado por Jacques Lacan, responsável por uma das interpretações mais influentes apresentadas na segunda metade do século XX. Nesse sentido, não se trata aqui de procurar fornecer a análise exaustiva da leitura lacaniana da tragédia, mas apenas de lembrar como Lacan coloca o problema da confrontação com o inumano no cerne da história.

Jacques Lacan insiste em como a figura de Antígona é inumana por agir para além de todo cálculo utilitarista do prazer e desprazer, por recusar tudo aquilo que poderia individualizá-la como pessoa. Ela sabe que, ao enterrar Polinices, nunca poderá realizar os papéis sociais de mãe e mulher.[22] Ela será expulsa do universo simbólico que sustenta a pólis e, por isso, morta duas vezes, física e simbolicamente.[23] No entanto, sua ação aterradora não apenas é feita, mas repetida.

Levar em conta essa *ação que não calcula* é importante, para Lacan, por lhe permitir defender que Antígona teria trazido algo como uma ética para além do princípio do prazer ou para além daquilo que ele chama de "serviço dos bens". Uma ética do desejo. Mas notemos a particularidade dessa estratégia. A afirmação de ações que são feitas sem levar em conta o cálculo utilitarista de prazer e desprazer não nos leva, necessariamente, a uma distinção entre desejos particularistas (nesse sentido, "patológicos") e vontade pura pretensamente capaz de preencher exigências de universalidade. A via de Lacan consiste em dizer

que na alcova nupcial me acolha um hino; caso-me com o negro inferno" (SÓFOCLES. Antígona. In: *Trilogia tebana*. Rio de Janeiro: Jorge Zahar, p. 237).

23 Daí a afirmação de que se trata de uma ação: "de uma vida que vai se confundir com a morte certa, morte vivida de maneira antecipada, morte estendendo-se sobre o domínio da vida, vida estendendo-se sobre a morte" (LACAN, Jacques. *Seminaire VII*. Paris: Seuil, 1986, p. 291).

24 Se quisermos utilizar um conceito dialético um pouco esquecido, diremos que o desejo elevado a fundamento da ação ética é

que o desejo é elevado à condição ética quando uma escolha particular é capaz de expressar uma exigência universal[24].

Esse ponto se perde quando lemos, em chave particularista, os motivos que levam Antígona a enterrar seu irmão e desobedecer a lei da pólis. Lacan insiste em que não devemos esquecer como, para Antígona, sua ação de render homenagens funerárias ao irmão criminoso demonstrava, ao contrário, o particularismo da lei da pólis enunciada pela contingência de um homem, Creonte. Daí sua fala central: "A tua lei não é a lei dos deuses; apenas o capricho ocasional de um homem. Não acredito que tua proclamação tenha tal força que possa substituir as leis não escritas dos costumes e os estatutos infalíveis dos deuses. Porque essas não são leis de hoje, nem de ontem, mas de todos os tempos: ninguém sabe quando apareceram. Não, eu não iria arriscar o castigo dos deuses para satisfazer o orgulho de um pobre rei. Eu sei que vou

aquele capaz de desejar um universal concreto. E, nesse momento, por mais que isso possa parecer contraintuitivo e contra a letra do texto hegeliano (mas talvez não contra algo fundamental no espírito de seu texto), o universal concreto se expressa no ato de enterrar Polinices.

25 SÓFOCLES, op. cit., p. 219. Lembremos que Creonte havia anteriormente assumido a possibilidade de não seguir a lei da pólis,

morrer, não vou? Mesmo sem teu decreto (...) Morrer mais cedo não é uma amargura, amargura seria deixar abandonado o corpo de um irmão."[25]

O fundamental nessa afirmação é que a ação não é legitimada simplesmente em nome do vínculo natural ao sangue e do caráter insubstituível do irmão, mas principalmente porque a lei divina entrega, aos membros da família, a obrigação de realizar o *reconhecimento da incondicionalidade da posição dos sujeitos*, para além das determições contextuais de ações. Incondicionalidade expressa na obrigação do rito funerário.[26] Para além da natureza de suas ações,

quando responde à injunção de obediência feita por Édipo, quando esse era rei, com a seguinte frase: "Se mandas mal, não devo obedecer-lho" (idem, p. 48).

26 Nesse ponto, basta sermos fiéis a um aspecto essencial da leitura hegeliana de Antígona. Hegel descarta que o relacionamento dos membros da família seja o relacionamento da sensibilidade ou o exclusivismo da relação de amor. Antes, ele é o: "pôr o Singular para família, subjugar (unterjochen) sua naturalidade e singularidade e em educá-lo para a virtude, para viver no universal e para o universal" No entanto, não deixa de ser sintomático que Hegel diga que essa formação do Singular para viver no universal se realize de maneira mais bem acabada no rito fúnebre, no cuidado em relação ao morto. Pois o morto é: "aquele que da longa série de seu ser-ai disperso se recolheu em uma figuração acabada [a figura venerada pela memória] e se elevou da inquietação da vida contingente à quietude da universalidade". Esse permanecer de um agir que vale incondicionalmente e que deve ser conservado incondicionalmente é a essência da lei divina. Essa é, por sua vez, a "potência do puro Universal abstrato que, como é fundamento (*Grund*) da individualidade, reconduz a individualidade à pura abstração" (HEGEL, Ge-

criminosa ou não (e lembremos que a ação de Polinices é criminosa *para a pólis*, legítima se levarmos em conta seu direito de sucessão), *um sujeito não pode ser morto duas vezes.*

Levando isso em conta, podemos dizer que Antígona nos ensina necessariamente que o Estado deixa de ter qualquer legitimidade quando mata pela segunda vez aqueles que foram mortos fisicamente, o que fica claro na imposição do interdito legal de todo e qualquer cidadão enterrar Polinice, de todo e qualquer cidadão reconhece-lo como sujeito apesar de seus crimes. Pois não o enterrar só pode significar não acolher sua memória através dos rituais fúnebres, anular os traços de sua existência. Uma sociedade que transforma tal anulação em política de Estado prepara sua própria ruína, elimina sua substância moral. Não tem mais o direito de existir enquanto Estado. E é isso que acontece a Tebas: ela sela seu fim no momento em que não reconhece mais os corpos dos "inimi-

org Friedrich. *Fenomenologia do espírito II,* op. cit. P. 12-13). Isso significa que a lei divina é a primeira posição da individualidade como incondicionalidade ou, por enquanto, abstração. No entanto, Hegel não deixa de lembrar que esse é o fundamento da própria individualidade e que, é importante salientar, não poderá ser posto no interior da lei da pólis sem que tal posição não nos leve, no limite, a um impasse no interior da própria eticidade.
27 VAN HAUTE, Phillipe. "Antígona: heroína da psicanálise" Revista *Discurso,* n. 36, p. 308. 2006. Essa é uma perspectiva adotada tam-

gos do Estado" como corpos a serem velados. Ela sela seu fim quando o que é visto como inumano não tem mais lugar na comunidade dos homens.

Várias foram as leituras que insistiram no conflito insolúvel entre a lei da família e a lei da pólis, entre Antígona e Creonte. No entanto, Lacan tende a romper essa tradição e afirmar a importância ética de Antígona a despeito da perspectiva de Creonte. Talvez a interpretação que sugiro nos explique por que Lacan não vê em Creonte um princípio da lei que se confronta com outro princípio, mas, principalmente, o desejo de infligir a seu inimigo Polinices uma segunda morte, já que se trata agora de uma morte simbólica, muito mais dolorosa. Segundo Lacan, esse desejo de infligir uma segunda morte se expressa através de uma "linguagem da razão prática", ou seja, a partir da tentativa de transformar o bem de todos em "lei sem limites" que visa aniquilar todo ponto de excesso que não se submeta à enunciação da lei.

De fato, essa é a leitura de um tempo que não acredita mais na possibilidade de que a figura atual da Lei que sustenta as interações sociais possa dar conta do que é da ordem da singularidade. Pois, em situações de ruína da eticidade, parece não haver outra coisa a fazer senão apelar à irredutibilidade da subjetividade. Lacan insiste em que de a Lei seguida por Creonte há muito perdeu substancialidade. Mas a astúcia aqui consiste em insistir em que a prova dessa perda é o fato de a Lei da pólis não dar mais conta de imperativos de universalidade. *Imperativos de universalidade enunciados de uma posição que, do ponto de vista da pólis, aparece como particular.* Ou seja, aqui, a irredutibilidade do particular aparece como astúcia para defender uma experiência de universalidade.

Alguns comentadores criticam tal leitura por ela não perceber que talvez o personagem fundamental para uma perspectiva psicanalítica seja Creonte, já que ele é o único que muda, ele é o único que ao final aprende com seus erros e modifica sua posição subjetiva: "Creonte reconhece sua culpa e adequa sua história. Ele é, ninguém mais, responsável pelo que aconteceu. Com a aceitação de sua própria responsabilidade pelo que ocorreu, Creonte recebe uma dimensão humana que faltava a Antígona."[27] No en-

bém por outro psicanalista, Patrick Guyom. Lembremos, por exemplo, de sua afirmação: "Com Antígona, o apelo do absoluto a conduz ao suicídio. Desligado de Antígona, face à questão daquilo que ele chama de sua 'loucura' [de Antígona], Creonte, para além de sua infelicidade, pode abrir uma outra via: esta que, não vendo mais na "loucura" um absoluto nem na solidão o último bastião de seu orgulho [de Antígona], poderá dizer como ele chegou a este ponto [ou seja, Creonte pode apreender reflexivamente, em um movimento de autocrítica, seu destino]" (GUYOMARD, Patrick, *Jouissance du tragique — Antigone, Lacan et le désir de l'analyste*. Paris: Flammarion, 19% p. 115).

tanto, podemos dizer que se Lacan insiste na centralidade da ação de Antígona é talvez para lembrar que Creonte é aquele que um dia se vincula a uma falsa lei, lei marcada pela tripla interdição de reconhecimento do que aparece como inumano. Primeiro, a pólis expulsa Édipo pela monstruosidade de ele ser um "sem lugar", um inominável por desarticular as estruturas elementares de parentesco. Segundo, ela expulsa Polinices por querer tomar o poder de Estado e invadir a pólis aliando-se à potência estrangeira. Por fim, a pólis mura Antígona viva por mostrar o caráter particularista da lei da pólis, por dizer "não sigo a lei da pólis, mas a lei imutável dos deuses". E aquele que um dia se vincula a uma lei que se sustenta através da expulsão reiterada do inumano só pode se tornar humano tarde demais".

Por outro lado, a inumanidade de Antígona já é humanidade, pois é a liberalidade daqueles capazes de não recusar o que não lhe é semelhante. Um não semelhante que não é apenas a alteridade da outra consciência, mas a anormatividade daquilo que questão o ordenamento normativo que sustenta minha forma de vida. Por isso, Antígona é *a figura de uma humani-*

---

28 ZIZEK, Slavoj. *Virtude e terror*. Rio de Janeiro: Jorge Zahar, 2008.
29 SÓFOCLES. Édipo em Colono. In: *Trilogia tebana*, op. cit., p. 136.

dade que não faz mais apelo à imagem do homem. Se quisermos, ela é promessa de uma *humanidade por vir* que, para nós, só pode aparecer como "inumanidade". Por isso, Antígona é a única capaz de enunciar que o Estado ruma para sua própria ruína por estar absolutamente apegado à figura atual do homem. Se quiséssemos usar apenas palavras mais atuais, diríamos que esse Estado não é outra coisa senão o Estado do medo e da exceção. Medo que o transforma em "uma assustadora reunião de homens assustados".[28] Medo de quem não pode mais dizer as palavras de Teseu a Édipo: "De fato, a tua sina deve ser terrível, e não ficarei indiferente, eu que cresci no exílio, um desterrado como tu, e que arrisquei como ninguém a minha vida lutando muitas vezes em terras estranhas. Por isso, a nenhum forasteiro igual a ti eu hoje poderia recusar ajuda".[29]

Esse Estado é o nosso.

O ESGOTAMENTO DA FORMA CRÍTICA COMO VALOR ESTÉTICO

Nothing is given by this method;
but much is taken away
SCHOENBERG

The postman will never
whistle Schoenberg
STEVE REICH

"Insensatos os que lamentam o declínio da crítica. Pois sua hora há muito tempo já passou. Crítica é uma questão de correto distanciamento. Ela está em casa em um mundo em que perspectivas e prospectos vem ao caso e ainda é possível adotar um ponto de vista. As coisas neste meio tempo caíram de maneira demasiado abrasante no corpo da sociedade humana"[1]. Podemos partir desta frase de Walter Benjamin

1 BENJAMIN, Walter; *Rua de mão única*, Brasiliense, p. 54

a fim de tentar dar conta de certos processos hegemônicos em marcha na constituição da forma estética atualmente. Eles dizem respeito àquilo que críticos de artes visuais, como Hal Foster[2], chamam de "esgotamento da forma crítica como valor estético". Esgotamento que estaria exposto de maneira mais clara através das transformações da relação crítica entre arte e domínios hiper-fetichizados da cultura (publicidade, moda, musica tonal, quadrinhos, pornografia etc.) em relações de "cumplicidade desafiadora", como diria o simulacionista Ashley Bickerton. Relações nas quais a crítica como "distância correta" a respeito da fascinação fetichista parece entrar definitivamente em colapso em prol da elevação da mera repetição de conteúdos hiper-fetichizados a esquema geral da produção artística. Tal colapso tem como resultado maior o advento de uma certa *estetização da razão cínica*. Neste sentido, vale a pena retornarmos à análise do esquema hegemônico de determinação da forma crítica que foi uma das marcas maiores do modernismo, isto a fim de melhor avaliarmos as causas de seus impasses, assim como a natureza das figuras que lhe sucederam.

2 Cf. FOSTER, Hal; *The return of real*, MIT Press, 1996

Conhecemos, por exemplo, um dos impulsos hegemônicos de crítica à aparência estética no modernismo. Ele está sintetizado em uma noção de crítica como dispositivo de distanciamento em relação a conteúdos miméticos. Pois se trata de definir a obra de arte moderna como aquela capaz de se estruturar através da estetização da distância que devemos tomar em relação às organizações, processos, representações e valores que aparecem de maneira naturalizada na realidade social. Desta forma, ela deve impor a autonomia dos seus processos construtivos negando, com isto, qualquer semelhança fundamental com organizações funcionais vistas como naturais no interior de realidades sociais historicamente determinadas. A crítica a mímesis aparece assim como peça maior da definição da racionalidade das obras. Por outro lado, esta negação da afinidade mimética é figura da crítica por insistir que os modos de organização funcional naturalizados são locais onde a ideologia afirma-se em toda sua violência, isto se compreendermos a ideologia fundamentalmente enquanto reificação de modos de disposição dos entes. Lembremos como a ideologia era vista, tradicionalmente, como uma questão de naturalizar modos de apresentação dos entes. Trata-se assim de pensar a racionalidade estética como setor privilegiado da crítica social da ideologia.

Este tema clássico é o que levou, por exemplo, Clement Greenberg a compreender o impulso crítico da obra de arte moderna a partir da abstração da pura forma que se afirma contra tendências figurativas. Sabemos, por exemplo, do que animava afirmações como: "O fato é que, até agora, o modernismo na arte, se não na literatura, se sustentou ou fracassou por seu ´formalismo´"[3]. Por trás desta noção de "formalismo" estava a crença de que a arte deve saber afirmar o primado da autonomia de seus processos construtivos a despeito de toda e qualquer afinidade mimética com o que a realidade social oferece como aparência.

Tal afirmação do primado da autonomia da forma poderia ganhar a figura de obras capazes de tematizar seus próprios modos de produção, seus próprios processos construtivos. Lembremos novamente de Greenberg, quando este afirma: "o não-figurativo ou o ´abstrato´, se deve ter validade estética, não pode ser arbitrário e acidental, mas deve derivar da obediência

3 GREENBERG, Clement; *A necessidade do formalismo* in FERREIRA et COTRIM (org.) *Clement Greenberg e o debate crítico*, Zahar, 1997, p. 127

a alguma injunção ou princípio de valor. Essa injunção, uma vez que se renunciou ao mundo da experiência comum, extrovertida, só pode ser encontrada nos próprios processos ou disciplinas pelos quais a arte e a literatura já haviam imitado a natureza. Estes meios tornam-se, eles próprios, o tema da arte e da literatura"[4]. Desta maneira, a forma crítica deveria ser forma que expõe, em uma "distância correta", seus próprios processos construtivos, forma que já traz em si a negação da naturalização da sua aparência como totalidade funcional. Esta ideia é central: as obras fiéis à forma crítica seriam capazes de se organizar a partir de protocolos de *desvelamento do seu processo de produção*. As obras que se organizam a partir deste impulso crítico têm, como dizia Hegel, os intestinos fora do corpo.

Notemos, no entanto, que a racionalidade desta noção de forma depende de um conceito de crítica como passagem da aparência à essência, como movimento de *desvelamento*. Trata-se de expor, através de uma passagem à essência, os modos de produção que determinam a configuração da aparência. Na verdade, tudo funciona como se a estruturação da forma crítica seguisse os moldes "clássicos" de uma certa

4 GREENBERG, Clement; *Vanguarda e kitsch*, in op. cit., p. 30

crítica marxista do fetichismo e uma arqueologia psicanalítica do sentido latente[5].

Sabemos que um dos processos fundamentais presentes no fetichismo da mercadoria diz respeito à impossibilidade do sujeito apreender a estrutura social
de determinação do valor dos objetos devido a um regime de fascinação pela "objetividade fantasmática"
(*gespenstige Gegenständlichkeit*) daquilo que aparece.
Fascinação vinculada à naturalização de significações
socialmente determinadas. Uma certa crítica do fetichismo se organizaria a partir daí através da temática
da alienação da consciência no domínio da falsa objetividade da aparência e das relações reificadas. Alienação que indicaria a incapacidade de compreensão
da totalidade das relações estruturalmente determinantes do sentido

Por outro lado, a tomada de consciência resultante do trabalho da crítica pressuporia a possibilidade,
mesmo que utópica, de processos de interpretação
capazes de instaurar um regime de relações não-reifi-
cadas que garantam a *transparência da totalidade dos
mecanismos de produção do sentido*. A crítica viraria
assim: "descrição das estruturas que, em última instância, definem o campo de toda significação possí-

5 Ver a respeito desta última, por exemplo, RANCIÈRE, Jacques; *L´inconscient esthétique*

vel"[6]. O que vale para a crítica social vale também para a arte. Pois, da mesma maneira, haveria uma totalidade de relações que poderia, de direito, ser revelada em sua estrutura através das obras de arte. As obras apareceriam como *locus* de manifestação de uma verdade que é clarificação progressiva da material devido à possibilidade de posição integral de processos construtivos e de relações de sentido. Processos muitas vezes recalcados, marcados pelo véu do esquecimento, mas que poderiam vir à luz através de mecanismos de interpretação e rememoração inscritos no próprio cerne da obra. Lembremos ainda que o impulso em direção ao que está fora da cena da aparência pode também se transformar em exposição do que é ob-sceno, do que estaria abaixo da cena enquanto arcaico ou informe. Por mais que isto possa parecer estranho, os programas de retorno ao arcaico e de desvelamento estrutural mostram-se unificados em certas estratégias comuns de crítica.

Michael Fried é um caso exemplar de como tal regime de reflexão sobre a forma estética pode funcionar. Para Fried, o valor estético na modernidade é fundamentalmente vinculado à possibilidade da obra servir de palco para a posição do processo de clari-

6 PRADO JR., Bento; *Alguns ensaios*, Paz e Terra, 2000,. p. 210

ficação progressiva dos mecanismos de produção do sentido. Lembremos, por exemplo, do sentido de sua afirmação de que "o teatro é a negação da arte"[7]. O teatro aqui não é o teatro brechtiano que transforma a cena em *locus* de manifestação de operações de distanciamento capazes de desvelar os modos de produção da aparência. Teatro é, para Fried, o nome de uma imanência com a literalidade que impede o sujeito de transcender a coisidade (*objecthood*) em direção a uma *Outra cena* na qual os processos construtivos poderiam ser revelados. Daí porque Fried pode afirmar que: "a pintura modernista chegou a perceber como imperativo a suspensão de sua própria coisidade"[8].

RACIONALIZAÇÃO SERIAL

Não deixa de ser sintomático encontrar, na música, o espaço originário para o desenvolvimento das potencialidades desta forma crítica hegemônica no modernismo. Colocação menos insuspeita por vir de um crítico das artes visuais, no caso, o próprio Clement Greenberg: "Em razão de sua natureza 'abso-

7 FRIED, Michael; *Art and objecthood* in BATTCOCK, Gregory; *Minimal art: a critical anthology,* University of California Press, 1968, p. 125
8 FRIED, idem, p. 119

luta', da distância que a separa da imitação, de sua absorção quase completa na própria qualidade física de seu meio, bem como em razão de seus recursos de sugestão, a música passou a substituir a poesia como a arte-modelo (...) Norteando-se, quer conscientemente quer inconscientemente, por uma noção de pureza derivada do exemplo da música, as artes de vanguarda nos últimos cinqüenta anos alcançaram uma pureza e uma delimitação radical de seus campos de atividade sem exemplo anterior na história da cultura"[9]. A afirmação não poderia ser mais clara: a música teria imposto, às outras artes, uma noção de modernidade e de racionalização do material vinculada à autonomização da forma e de suas expectativas construtivas. Autonomia que teria se afirmado contra qualquer afinidade mimética com processos e elementos extra-musicais[10].

O que Greenberg tem em mente é um longo e heteróclito movimento de constituição da racionalidade da forma musical, movimento fundamental para a

9 GREEENBERG, *Rumo a um mais novo Locoonte* in op.cit., pp. 52-53
10 Na verdade, Max Weber foi o primeiro a perceber que a música fornecia o padrão de racionalização que deveria vigorar no campo das artes. A respeito deste processo de constituição da legalidade própria da esfera musical ver, por exemplo, WEBER, *Fundamentos racionais e sociológicos da música*, São Paulo, Edusp, 1996

definição das expectativas críticas da forma musical a partir, principalmente, de Arnold Schoenberg e que herda motivos próprios ao debate em torno da "música absoluta" no romantismo alemão. É a isto que Greenberg alude ao falar da "natureza absoluta" da música em sua "pureza".

A grosso modo, podemos chamar de 'música absoluta' uma certa noção que via na música instrumental, desligada de textos, de programas, de funções rituais e "pedagógicas" específicas, o veículo privilegiado para a expressão ou o pressentimento do "absoluto" em sua sublimidade e o estágio de realização natural da racionalidade musical. É a proximidade com tal temática que permitirá a Schopenhauer, cuja filosofia da música influenciou bastante Schoenberg, afirmar: "Não podemos encontrar na música a cópia, a reprodução da ideia do ser tal como se manifesta no mundo", ela é "cópia de um modelo que não pode, ele mesmo, ser representado diretamente", pois "a música, que vai para além das ideias, é completamente independente do mundo fenomenal"[11].

Este impulso de autonomização da forma musical será fundamental para que teóricos posteriores, como

11 SCHOPENHAUER, *O mundo como vontade e representação*, par. 59

Eduard Hanslick insistissem em levar tal processo ao extremo. Ao afirmar que a música nada mais era do que "formas sonoras em movimento", Hanslick demonstrava plena consciência de estar adentrando em um estágio histórico de racionalização do material musical que permitia a consolidação da esfera musical em sua legalidade própria. Legalidade própria que o leva a afirmar: "se se perguntar o que se há de expressar com este material sonoro, a resposta reza assim: *ideias musicais*. Mas uma ideia musical trazida inteiramente à manifestação é já um belo autônomo, é fim em si mesmo, e de nenhum modo apenas meio ou material para a representação de sentimento e pensamentos"[12].

O impulso de Schoenberg na constituição de uma forma crítica perde muito de seu solo natural se não tivermos tais balizas em vista[13]. Quando Schoenberg afirma: "Faz-se música a partir de conceitos", isto a fim de lembrar que o objetivo maior da forma é compreensibilidade de "ideias musicais" compostas

12 HANSLICK, *Do belo musical*, p. 42
13 Não é por outra razão que Dahlhaus nos lembra: "Os trabalhos através dos quais Schoenberg aproxima-se e finalmente atravessa a fronteira da tonalidade pertencem a gêneros como a sinfonia, o quarteto de cordas e as peças líricas de piano, ou seja, gêneros típicos da música absoluta" (DAHLHAUS, *Schoenberg and the new music*, p. 99)

pela unidade funcional e expressiva de ritmo, melodia e harmonia, sabemos claramente que é Hanslick e sua noção de autonomia da forma que serve aqui de guia[14]. Esta exigência de visibilidade da ideia ordenadora das disposições formais do material leva Schoenberg a pensar a verdade na música como uma questão de possibilidade de posição dos procedimentos de construção responsáveis pela determinação de relações racionais entre elementos musicais. Há assim uma exigência fundamental de transparência das obras. Visibilidade que leva o compositor à procura pela "clarificação progressiva do material natural da musica"[15] através, por exemplo, de um conhecido combate contra tudo o que é ornamento. Combate este que é figura da recusa em estabelecer distinções hierárquicas entre notas ornamentais "não-harmônicas" e notas essenciais, já que a forma musical só deve dar lugar aquilo que contribui para a visibilidade integral da ideia musical. A este respeito, muito já se disse sobre o sentido das similitudes estratégicas entre as "construções racionais" de Schoenberg e de arquitetos como Adolf Loos.

Mas esta noção schoenbergiana de ideia musical advém incompreensível se partirmos de uma pers-

14 Ver, por exemplo, SCHOENBERG, *Style and Idea*, p. 121
15 ADORNO, PNM, p. 77

pectiva meramente "formalista", isto no sentido mais restritivo do termo. Esta é uma questão importante, já que o projeto musical de Schoenberg nos lembra como "formalismo" não é a marca de alguma forma de abandono de expectativas expressivas. Tal como já em Hanslick, a ideia musical é o que permite *a realização construtiva de exigências expressivas*, ou seja, ela é o que deve unificar construção racional e expressão subjetiva. É a fidelidade a exigências expressivas que leva Schoenberg a afirmar, de maneira surpreendente: "a arte é, em seu estágio mais elementar, uma simples imitação da natureza. Mas logo se torna imitação em um sentido mais amplo do conceito, isto é, não mera imitação da natureza exterior, mas também da interior"[16].

O recurso ao vocabulário da imitação poderia parecer nos recolocar nas vias de uma racionalidade mimética como protocolo de constituição da aparência estética. No entanto, ao contrário, a expressão desta "natureza interior" só poderá ser posta através da *crítica à aparência funcional das obras*. A natureza desta crítica à aparência como motor da racionalidade de obras que aspiram à modernidade foi claramente identificada por Adorno ao afirmar que: "em Schoen-

16 SCHOENBERG, *Tratado de harmonia*, p. 55

berg, o aspecto verdadeiramente novo é a mudança de função da expressão musical"[17]. Esta frase é mais decisiva do que parece, já que normalmente, aceitamos que o aspecto realmente novo da experiência musical de Schoenberg estaria presente na sua maneira de criar totalidades funcionais sem recorrer ao sistema tonal.

A mudança de função a que alude Adorno consiste em romper com o fato de que: "Desde Monteverdi e até Verdi, a música dramática, como verdadeira *musica ficta*, apresentava a expressão como expressão estilizada, mediada, ou seja, como aparência de paixões"[18]. Segundo esta leitura, a expressão esteve paulatinamente subordinada a uma gramática das paixões e dos afetos, gramática que faria com que a particularidade dos momentos expressivos fosse sempre fetichizada e submetida à generalidade conciliadora que constitui o primeiro princípio da aparência estética. O esgotamento do sistema tonal é, também, esgotamento de uma gramática de expressões que se naturaliza no uso reiterado de cadências e elementos que desempenham sempre a função de um "sistema de representações". A "emancipação da dissonância" em relação ao esquema antecipação-resolução,

17 ADORNO, PNM, p. 50
18 idem, p. 49

—

emancipação a respeito da qual fala constantemente Schoenberg não seria outra coisa que a possibilidade de construir ideias musicais capazes de desvelar uma expressão recalcada pela gramática do sistema tonal. Recalque produzido por uma aparência que submete a expressão singular aos ditames de uma linguagem sedimentada.

Neste sentido, não deixa de ser ilustrativo que Schoenberg interesse-se por Freud e por sua noção de interpretação das formações do inconsciente como revelação do que se aloja em uma *outra cena*[19]. Ao interpretar obras estéticas, Freud parte do princípio de que a verdade da obra não coincide com sua letra, já que a aparência estética oblitera uma dinâmica pulsional que só pode aparecer a partir de operações arqueológicas de procura pelo sentido. "Eu percebi constantemente", dirá Freud, "que o conteúdo (*Inhalt*) de uma obra de arte me apreende mais que suas qualidades formais e técnicas"[20]. Este comentário inocente é, na

19 Lembremos, neste sentido, do que Schoenberg diz a respeito de Erwartung: "é impossível ao homem sentir apenas uma coisa por vez. Sentimos milhares de coisas ao mesmo tempo. E estas milhares de coisas não se adicionam, da mesma maneira como uma maça e uma pera não se adicionam. Elas divergem. É esta multiplicidade de cores, de formas, este alogicismo próprio a nossas sensações, alogicismo inerente às associações de ideias, a não importa qual reação dos sentidos e dos nervos que quero em minha música".
20 FREUD, 1999 X, 172

verdade, a exposição de todo um programa estético. Trata-se de revelar o pensamento presente na forma estética (pensamento cuja fonte, segundo Freud, é a "intenção do artista" [*Absicht des Künstlers*], ou seja, seus desejos inconscientes e suas moções pulsionais) através do ato de: "descobrir (*herausfinden*) o sentido e o conteúdo do que é representado (*Dargestellten*) na obra de arte "[21]. Desta maneira, *o entrelaçamento entre estética e pulsional serve para Freud desdobrar um horizonte de visibilidade integral das obras.* Por outro lado, com sua teoria das pulsões, Freud permitiu a reconfiguração de uma categoria estética fundamental como a expressão.

Para Schoenberg, tal exigência de visibilidade afirma-se como resgate do que não se apresenta através da linguagem *reificada* de um tonalismo que aparece como bloqueio às aspirações da "paixão pela verdade por trás das mediações e das máscaras burguesas da violência"[22]. Tal aspiração à plena visibilidade chega a fazer com que Schoenberg afirme, a respeito de *Pierrot lunaire*: "A expressão sonora dos movimentos dos sentidos e da alma são de uma imediatez quase animal. Como se tudo fosse diretamente transposto (*Fast als ob alles direkt übertragen wäre*)".

21 FREUD, 1999 X, p. 173
22 ADORNO, PNM, p. 155

Procurar uma forma capaz de ser a transposição direta da ideia musical na dimensão do que aparece, ideia que procura realizar exigências expressivas que não se reconhecem na gramática dos sentimentos reificada pelo tonalismo, é o que leva Schoenberg ao dodecafonismo. Aqui, vemos como ele realiza enfim um impulso partilhado pelo modernismo de "crítica da reificação e do fetichismo através da reconstrução de um pensamento estrutural".

Adorno sempre insistiu no fato de convergir, no uso schoenbergiano da noção de série, a tentativa de conservar exigências de expressão do que não se reconhece na imagem naturalizada do mundo e um princípio construtivo e transparente de relação. A este respeito, Schoenberg não cansava de afirmar, com uma ponta de orgulho: "ainda posso assegurar coerência e unidade, ainda que existam vários elementos construtivos da forma importantes, assim como auxílios à compreensibilidade, que não uso"[23]. Orgulho de quem podia, ao mesmo tempo, oferecer um protocolo de crítica à aparência reificada e assegurar um princípio autônomo de racionalização e legibilidade das obras.

De fato, ao racionalizar todas as incidências do material musical através do primado da série, pri-

23 SCHOENBERG, *Style and Idea*, p. 107

mado que faz com que cada evento seja automaticamente reportado a este *padrão transcendental de justificação* que é a série, a música poderia se liberar da aparência costurada pela naturalização do sistema tonal. Ao mesmo tempo, graças à onipresença da série, *seu tema é seu próprio processo de construção*. Ela é o que realiza exigências de "obediência irrestrita a alguma injunção ou princípio de valor" das quais falava Greenberg. Desta forma, Schoenberg mostrava como a forma crítica deveria ser forma que expõe, em uma "correta distância", seu próprio processo de construção (a série), forma que já traz em si a negação da naturalização da sua aparência como totalidade funcional. Lembremos, por exemplo, deste momento em que afirma: "Minha música não parte da visão de um todo mas é construída de cima para baixo de acordo com um plano e esquema pré-concebido mas sem uma verdadeira ideia visualizada do todo"[24]. Trata-se de insistir que sua música não naturaliza totalidades funcionais (como no caso da música tonal), mas expõe claramente seu processo de construção através da posição do plano e do esquema. Tal afirmação é feita na expectativa de levar o sujeito à necessidade de *ouvir a estrutura e o plano construtivo*. Este é o

24 SCHOENBERG, *Style and idea*, p. 107

sentido fundamental da "audição estrutural" exigida por Schoenberg. Pois, para o Schoenberg do período dodecafônico, *a verdade era uma questão de construção formal coerente*, e não de adequação a regras naturalizadas de disposição do sonoro. Neste sentido, podemos seguir a afirmação feliz de Antonia Soulez: "Segundo Schoenberg, que toma do lógico este ideal sintático do verdadeiro, a música *pensa* na mesma medida em que, por e através dela, articulam-se leis do verdadeiro segundo uma certa gramática"[25].

A RACIONALIZAÇÃO E SEU EXTREMO

Sabemos como algo desta noção de forma crítica capaz de desvelar a aparência estética servirá de guia para boa parte da vanguarda musical da última metade do século XX. É pensando no advento de tal forma que Pierre Boulez, por exemplo, falará de uma "necessidade incontornável da linguagem musical" que deve obedecer a "leis absolutas da história". Boulez quer com isto levar ao extremo a "desnaturalização" da racionalidade musical do tonalismo. "A era de Rameau e seus princípios naturais está definitivamente abolida", diz Boulez a fim de insistir que nenhum res-

25 SOULEZ, *Schönberg: penseur de la forme*, p. 120

quício da linguagem musical deve ficar imune a uma crítica da reificação: "A este que irão me objetar que, partindo do fenômeno concreto, obedecem à natureza, às leis da natureza, eu responderei, sempre segundo Rougier: 'damos o nome de leis da natureza à fórmulas que simbolizam a rotina da experiência"[26].

Tal crítica à reificação da linguagem musical não irá poupar sequer Schoenberg. Ao contrário, o dodecafonismo de Schoenberg aparece para Boulez como um fracasso histórico, como um "romantismo-classicismo deformado". Para Boulez, se a música serial de Schoenberg estava destinada ao fracasso, era porque: "a exploração do domínio serial foi feito de maneira unilateral; falta o plano rítmico, e mesmo o plano sonoro propriamente dito, as intensidades e os ataques". Ou seja, "a série intervém, em Schoenberg, como um mínimo denominador comum para assegurar a unidade semântica da obra; mas que os elementos da linguagem assim obtidos são organizados por uma retórica pré-existente"[27].

O que Boulez afirma é: o dodecafonismo não realizou seu próprio programa crítico de nos liberar de toda aderência natural aos materiais através da posição de um conteúdo de verdade construtivo. Isto, só

26 BOULEZ, *Penser la musique aujourd'hui*, p 31
27 BOULEZ, *Apontamentos de aprendiz*, p. 244

um serialismo integral, procedimento que submeta todos os parâmetros sonoros (intensidade, duração, altura e timbre) a um pensamento serial, poderá realizar. Assim, Boulez afirmará: "As funções harmônicas, por exemplo, não saberiam colocar-se agora como funções permanentes; os fenômenos de tensão-distensão não se coloca em absoluto nos mesmo termos que outrora e sobretudo, não mais de maneira fixa e peremptória"[28]. O que está em jogo, pois, é o aprofundamento de um mesmo programa de constituição de uma forma crítica através da autonomização absoluta de seus processos construtivos.

Boulez leva assim o ideal construtivo do pensamento serial dodecafônico ao extremo. Este ideal enquanto verdade da forma musical não teme em seguir uma tendência várias vezes presentes no modernismo: a reconstrução da racionalidade da forma musical a partir de parâmetros fornecidos pela racionalização científica. "Quando se estuda o pensamento dos matemáticos ou dos físicos de nossa época sobre as estruturas (do pensamento lógico, das matemáticas, da teoria física...), percebe-se, claramente, o imenso caminho que os músicos ainda devem percorrer antes de chegar à coesão de uma síntese geral"[29]. A

28 idem, *Penser la musique,* p. 25
29 BOULEZ, idem, p. 28

afirmação não podia ser mais clara: o ideal da razão musical deve ser procurada no pensamento estrutural que anima as matemáticas e a ciência. Fato que não escapou a Adorno: "podemos dizer que os serialistas não inventaram arbitrariamente a matematização da música, mas confirmaram um desenvolvimento que Max Weber, na sua sociologia da música, identificou como a tendência dominante da mais recente história musical — a progressiva racionalização da música. Ela alcança sua realização na construção integral"[30].

Mas sigamos ainda o jovem Boulez. O termo "estrutura" não é aqui aleatório. De fato, há um certo estruturalismo musical em Boulez que é claramente assumido pelo próprio. O material musical vale integralmente devido *às relações* que ele estabelece. Boulez, citando Rougier, define seu programa: "O método axiomático permite construir teorias puramente formais que são redes de relações, deduções totalmente prontas. Desde então, uma mesma forma pode ser aplicada a diversas matérias, a conjuntos de objetos de natureza diferente, à única condição que estes objetos respeitem entre eles as mesmas relações que aquelas enunciadas entre os símbolos não definidos da teoria'. Parece-me que tal enunciado é fun-

30 ADORNO, *Dificuldades*, p. 657

damental para o pensamento musical atual; notemos principalmente a última parte"[31]. Isto apenas mostra claramente como, para Boulez, e agora seguindo textualmente Lévi-Strauss, não haveria oposição alguma entre forma e conteúdo (entendido aqui como o material musical), entre estrutura e aparência pois a forma já organiza previamente as possibilidades de significação da matéria a ser formada, isto mesmo quando ela admite o acaso[32].

31 BOULEZ, idem, p. 29

32 Esta racionalidade musical é capaz até mesmo de englobar a irracionalidade do acaso como elemento estruturador de seus procedimento. É isto que vemos no texto "Alea". Pensando principalmente na "musica da indeterminação" própria à John Cage e em seu impulso de "perda total do sentido global da obra", Boulez procura transformar o acaso em elemento construtivo previamente codificado. "Busca-se desesperadamente dominar um material por meio de esforço árduo, tenso, vigilante e por desespero o acaso subsiste e se introduz por mil frestas impossíveis de calafetar ... 'E está bom assim!'. Não obstante, o último ardil do compositor não seria absorver esse acaso? Por que não domesticar esse potencial e forçá-lo a dar-se conta e a prestar contas? Introduzir o acaso na composição ? Será loucura, ou ainda, uma tentativa vã? Pode ser loucura, mas uma loucura útil. De qualquer modo, adotar o acaso por fraqueza, por facilidade, entregar-se a ele, é uma forma de renúncia que se subscreve sem negar todas as prerrogativas e hierarquias envolvidas na obra criada. Como conciliar então composição e acaso?" (BOULEZ, *Apontamento de aprendiz*, p. 47). É a respeito desta luta entre o determinado e o indeterminado no interior da forma musical, desta "organização do delírio", para falar com Boulez, que Foucault dirá, sobre o compositor francês: "Trata-se de dar a força de romper as regras no ato mesmo que as implementa" (FOUCAULT, *Dits et écrits II*, p. 1040). No limite, isto levará a forma

No entanto, sabemos como, principalmente a partir dos anos 60, a arte abandona progressivamente este programa de subtração da fascinação fetichista pela aparência através da posição de uma forma capaz de tematizar, de maneira integral, seus próprios processos construtivos. Ao contrário, as obras foram pensadas cada vez mais como espaços de repetição mimética da realidade social fetichizada. Tendência que pode ser encontrada através de um longo movimento de retorno ao tonalismo, ela nos forneceu, em seus melhores momentos, o padrão de uma *crítica da crítica*. Adorno, por exemplo, percebeu claramente que recorrer novamente à mímesis com a realidade social mutilada, realidade cuja representação musical mais bem acabada seria o tonalismo, era o único modo de impedir que o formalismo serial de um programa estético de tematização auto-reflexiva dos processos construtivos das obras não se transformasse em hipóstase de totalidades funcionais que não são mais capazes de levar em conta a resistência dos

bouleziana a uma situação de abertura constitutiva. Lembremos a este respeito que, a partir dos anos 70, a maior parte do trabalho composicional de Boulez será uma re-composição contínua de suas próprias peças.

materiais às operações de sentido. Uma das funções maiores de seu *Filosofia da nova música* consistia exatamente em fornecer os protocolos de inversão da racionalidade dodecafônica em modo puro e simples de *dominação* do material, isto a fim de compreender tal inversão no interior da crítica à racionalidade instrumental com seus múltiplos processos de dominação da natureza.

Por esta razão, Adorno está disposto até mesmo a insistir que a arte não deveria mais procurar o absoluto de sua subtração integral ao fetiche através da autonomização integral da sua esfera e da consolidação de um sistema estrutural fechado de produção de significações. Na verdade, ela deveria repetir mimeticamente a realidade fetichizada, já que "A arte é obrigada [a confrontar-se com o fetiche] devido à realidade social. Ao mesmo tempo em que ela se opõe à sociedade, ela não é no entanto capaz de adotar um ponto de vista que seja exterior à sociedade"[33].

No entanto, esta exigência de retorno à realidade social fetichizada foi muitas vezes compreendida no interior de um quadro de deposição da forma crítica. Se voltarmos nossos olhos às artes visuais, veremos

33 ADORNO, Theodor; *Asthétische Theorie*, Frankfurt: Suhrkamp, 1973, p. 201

críticos como Pierre Restany (que escreve na mesma época em que Adorno pensava uma *Teoria estética* baseada no resgate à mímesis) chegar a afirmar que: "a arte abstrata recusava por definição todo apelo da realidade exterior: arte de evasão e de recusa do mundo, correspondeu à manifestação extrema de uma visão pessimista da condição humana"[34], mas as vanguardas pós-60 seriam realistas por terem superado esse "mito negativo". Daí esta definição peculiar de realismo: "O realismo não discute nem o contexto nem o cenário de sua vida: identifica-se com o real [que, em uma situação social de integração de todas as esferas de valores à dinâmica do fetichismo da mercadoria, só pode significar: real *da forma-mercadoria,* ou seja, posição da forma-mercadoria como dispositivo fundamental de constituição da nossa experiência da realidade — o que a *pop art* compreendeu de maneira absolutamente clara], nele se insere, se integra"[35]. Ao tematizar esta adesão da arte à realidade social, Restany chega mesmo a prever uma mudança radical da função social da arte que só será sentida de maneira decisiva a partir dos anos 80: a transformação do potencial disruptivo da arte de vanguarda em *gla-*

34 RESTANY, Pierre; *Os novos realistas,* Perspectiva, 1979, p. 111
35 RESTANY, idem, p. 140

mour disponibilizado aos setores de consumo conspícuo, como a moda e o design: "No mundo automatizado de amanhã, o problema capital será a utilização do tempo livre. O artista aparecerá então, não mais como um paria ou um revoltado, mas como o engenheiro e o poeta de nossos lazeres. Seu papel na sociedade será central e determinante, ele se verá promovido aos mais altos níveis da hierarquia tecnocrata"[36].

Podemos tentar entender tal esgotamento da forma crítica levando em conta problemas internos à racionalidade da forma estética no século XX[37]. Mas devemos também estar atento para uma dimensão "exterior" do problema e que é normalmente negligenciada.

Grosso modo, é possível afirmar que a concepção de forma crítica que vigorou de maneira hegemônica no modernismo tem força em situações históricas nas quais a ideologia pode ser pensada como recalcamento de seus pressupostos, como bloqueio da passagem da aparência à essência. A obra de arte se estrutura a partir da dinâmica disponível à crítica social com suas temáticas da alienação da consciência no domínio da reificação da aparência. A ideia benjaminiana de crí-

36 RESTANY, idem, p. 150
37 Tomo a liberdade de remeter ao meu: SAFATLE, *Produzir sínteses sem acreditar no todo* in *Discurso*, n. 35

tica como "correta distância" só pode ser operativa diante de mecanismos ideológicos desta natureza. No entanto, ela será marcada com o selo da obsolescência ao se deparar com uma realidade social na qual a ideologia não opera mais através do recalcamento e da reificação.

Neste sentido, devemos insistir neste diagnóstico de Adorno, já comentado em capítulos anteriores: "A ideologia em sentido estrito se dá lá onde o que rege são relações de poder (*Machtvehältnisse*) não transparentes em si mesmas, mediadas e, neste sentido, inclusive atenuadas. Mas a sociedade atual, erroneamente acusada de excessiva complexidade, transformou-se em algo demasiadamente transparente (*durchsichtig*)"[38]. Como vimos, esta afirmação é capital por indicar uma situação social na qual a ideologia transparece e *afirma-se enquanto tal* na própria efetividade, sem que isto modifique o engajamento dos sujeitos em seu campo. Ela pode vir a nu, mas sob o regime de uma nudez que não desmascara mais.

Lembremos ainda desta afirmação de Lyotard a respeito do "cinismo" do capitalismo contemporâneo, colocação ainda mais interessante por procurar fornecer o solo sócio-histórico para a crítica lyotardiana

38 ADORNO, Theodor; *Beitrag zu Ideologienlehre* in *Gesammelte Schriften VIII*, Digitale Bibliothek Band 97, p. 467

à filosofia adorniana da música: "Ele [o capitalismo contemporâneo] coloca tudo em representação, a representação se reduplica (como em Brecht), logo, se apresenta. O trágico dá lugar ao paródico (...)"[39]. Ou seja, ao invés da tragédia de um sistema que não pode assumir aquilo que ele realmente é ao fundar--se no recalcamento ideológico de seus pressupostos, teríamos o cinismo de práticas de poder capazes de reduplicar seu próprio sistema de representações, tomando a todo momento uma distância brechtiana em relação àquilo que elas próprias enunciam, tal como em uma eterna paródia. A força do capitalismo viria do fato dele não se levar mais a sério, ou ainda, *da ideologia ser, atualmente, auto-irônica*. Desta forma, a crítica como "correta distância" seria impossível porque a ideologia já opera, a todo momento, uma distância reflexiva em relação àquilo que ela própria enuncia. Ou seja, poderíamos todos tomar distância dos conteúdos normativos do universo ideológico capitalista porque o próprio discurso do poder já critica a si mesmo, ele já ri de si mesmo. A forma crítica esgotou-se porque a realidade internalizou as estratégias da crítica. Ela esgotou-se porque nos deparamos atualmente com aquilo que Peter Sloterdijk um dia

39 LYOTARD, Jean-François; *Des dispositifs pulsionels*, Christian Bourgois, 1980, p. 121

chamou de *ideologia reflexiva,* posição ideológica que porta em si mesma a negação dos conteúdos que ela apresenta. Maneira astuta de perpetuá-los mesmo em situações históricas nas quais eles não podem mais esperar enraizamento substancial algum.

DE STRAVINSKY AO NOVO TONALISMO:

UMA ARQUEOLOGIA DA FORMA CÍNICA

Este é o quadro social de análise do que poderíamos chamar de "novo tonalismo", ou seja, desta tendência cada vez mais hegemônica na contemporaneidade em retornar à noções como centro tonal e pulsação regular. Tendência maior no contexto musical anglo-saxão (Steve Reich, John Adams, Terry Riley, Phillip Glass, Thomas Adès, Howard Skeptom, entre outros) e eslavo (Arvo Pärt, Schnittke, Penderecki).

Primeiro, devemos salientar que o retorno ao uso de materiais tonais na composição musical traz problemas simétrico àqueles postos pelo retorno à mímesis nas artes visuais da segunda metade do século XX. Nos dois casos, materiais e procedimentos alvos de críticas estéticas virulentas retornam mas, normalmente, sem a força para preencherem as funções outrora desempenhadas e sem a capacidade de operarem no interior de uma lógica da naturalização.

Depois da emancipação da dissonância não há como se servir do sistema tonal enquanto princípio organizador de totalidades funcionais e de progressão harmônica fundamentado de maneira segura. O que nos deixa com a questão de saber o que pode significar retornar a um material *que traz as marcas da sua impotência* e de seu esgotamento sócio-histórico, material em crise de legitimidade. Posição de esgotamento e crise nem sempre partilhada. Basta lembrarmos aqui do que afirma Steve Reich: "Para mim, princípios naturais de ressonância e da percepção musical humana não são limitações; são fatos da vida"[40], isto a fim de insistir que a realidade de um centro modal é realidade tanto em músicas ocidentais como não-ocidentais. No entanto, mesmo no caso de Reich não há exatamente um uso do tonalismo *enquanto sistema funcional de progressão* mas como princípio de encadeamento de repetições e de gravitação unificadora dos momentos.

Mas da mesma forma que a música forneceu às artes do século XX um padrão de racionalidade da forma crítica através dos protocolos de autonomização reflexiva da forma, ela talvez tenha sido a primeira arte a fornecer uma figura de esgotamento de tal

40 REICH, *Writings about music,* p. 159

racionalidade através de um tratamento paródico do que se coloca como aparência estética. Forma-paródica que ganha paulatinamente centralidade à medida em que a ideologia vai se revelando como ideologia da ironização. Esta forma, ao invés de organizar-se como uma crítica da aparência através da visibilidade integral da estrutura, ela organiza-se como a submissão integral do material a um "princípio de estilização". O material aparece normalmente como o representante de um estilo codificado, elemento congelado como uma imagem-clichê. A obra advém "jogo" com materiais fetichizados. Caminho que poderia nos levar, simplesmente, à composição de obras "regressivas", isto se tais materiais fetichizados não fossem tratados como *aparências postas como aparência*. Desta maneira, a forma-paródica realiza cinicamente o programa que a forma crítica, na modernidade, colocou para si: portar em si mesma sua própria negação, já ser , em si mesma, a *performance* de uma distância correta em relação a sistemas naturalizados de representações (como é o caso do sistema tonal).

Novamente, é Adorno quem compreendeu esta estranha complementaridade entre crítica e paródia ou, ainda, entre crítica e cinismo. Neste quadro, sua confrontação entre Schoenberg e Stravinsky tende a ganhar outro contorno. Esta discussão me parece atual já que Stravinsky, de uma maneira sintomática, pode nos oferecer o quadro de compreensão para a racionalidade dos dispositivos formais que estruturam vários programas-chaves no interior do novo tonalismo. Há, por exemplo, uma linha reta que vai de Stravinsky até John Adams e Thomas Adés.

Da multitude de questões que Adorno endereça à obra de Stravinsky, guardemos principalmente sua maneira de vê-la como um jogo infinito de máscaras. Jogo que fica mais visível através da passagem de Stravinsky em direção ao neo-clacissismo.

Normalmente, a crítica indica o neo-classicismo do ballet *Pulcinnella,* de 1920, como o momento de uma virada nos procedimentos composicionais de Stravinsky, mas Adorno insiste que *A história do soldado,* de 1918, já é composta a partir de procedimentos que determinarão a forma musical, em Stravinsky, de maneira cada vez mais hegemônica. Isto porque, a partir da *História do soldado,* o único material de composição será o material mutilado vindo de formas gastas do sistema tonal, materiais pobres, convenções deterioradas que se mostram enquanto tais. Adorno já indicara algo desta tendência ao perceber que, devido ao princípio artístico da recusa e a um certo anti-humanismo, os momentos de inflexões expressivas em Stravinsky eram, normalmente, sucessões sonoras elementares. Desde *Petruschka*, a expressão advém grotesca, risível e conjugada apenas em uma gramática claramente posta como ultrapassada, como se: "a *imago* do deteriorado e decrépito devesse se transformar no remédio contra a decadência (*Verfallenen*)"[41]. Este remédio contra a decadência do tonalismo sintetizado com imagens de elementos deteriorados do próprio sistema será, não apenas o motor da fase neo-clássica de Stravinsky, mas também procedimento composicional maior para a compreensão do que está em jogo no resgate contemporãneo do tonalismo.

A este respeito, devemos levar à sério a afirmação adorniana de que o compositor que segue a lógica em operação nas obras de Stravinsky compõe com "ruínas de mercadorias (*Warentrümmern*)", isto no sentido de assumir formas e elementos fetichizados *que se afirmam enquanto tal,* como se tal material já estivessem previamente criticado, como se ele trouxesse em si sua própria negação e afirmasse sua própria impossibilidade em desempenhar suas "funções naturais". É isto que Adorno tem em mente ao dizer que Stravinsky compõe como quem "ritualiza a liquidação (*Ausverkauf* — "liquidação" no sentido de

41 ADORNO, *Philosophie der neuen musik*, p. 138

proposições como: " uma loja em liquidação")"[42]. Daí
a ideia adorniana de afirmar que isto nada mais é do
que uma forma musical paródica, forma que apresenta todos os seus materiais entre parênteses, como se
estivéssemos diante de uma "música feita a partir da
música", ou de uma montagem de músicas mortas,
música feita *contra a música*.

Tudo se passa como se o fazer tomasse consciência de si através da ironia e afirmasse abertamente
enquanto tal. Música que, de maneira cínica: "zomba da norma com o mesmo fôlego que a afirma"[43],
ou seja, forma estética capaz de suspender a norma
exatamente ao segui-la. Maneira astuta de conservar
e repetir materiais esgotados do ponto de vista de
situação sócio-histórica. É devido a este ponto que
Adorno pode afirmar em 1962: "Stravinsky continua
sendo um objeto de escândalo porque o caráter inautêntico da objetividade tomou, neste prestidigitador,
uma feição caricata. O que salvou sua música de todo
provincianismo, é que ela nunca deixou de mostrar
seus barbantes, como apenas os mágicos inimitáveis
podem fazer"[44]. Sua consciência de que apenas uma
"linguagem orgânica em decomposição" era possível

42 ADORNO, idem, p. 166
43 ADORNO, idem, p. 188
44 ADORNO, *Stravinsky*, p. 164

à música que aspira afirmar-se como forma crítica nos leva a indicá-lo como exemplo privilegiado de alguém que procura expor o colapso da distinção entre arte e fetichismo, mas no interior de estruturas claramente fetichizadas.

È claro que sempre se pode dizer que: "esta música, longe de se confundir com a consciência reificada que nela fala, ultrapassa-a na medida em que a contempla em silêncio e a deixa falar em pessoa, sem intervir"[45]. No entanto, ela é a forma do paradoxo de uma consciência reificada auto-reflexiva ou de uma *falsa consciência esclarecida*. Forma de uma consciência cínica que repete os gestos musicais de uma consciência reificada, mas que demonstra a todo momento, seja pela excessiva força, seja pelos cortes e pelas justaposições, tomar distância de seu próprio gestual.

Se pensarmos em compositores contemporâneos como John Adams ("o maior compositor da América") e Thomas Adés, veremos que tais processos composicionais continuaram, mas levados ao paroxismo. Entre Adès e Adams passa o mesmo discurso de disponibilização integral dos materiais musicais de todas as tradições possíveis e de mobilização de tais materiais em uma organização musical que visa o grande públi-

45 ADORNO, *Stravinsky*, p. 166

co. O mesmo Adams que teve a sagacidade de afirmar: "Minha música é como uma grande lixeira. Eu não recuso nada". É verdade. Em "Harmonielehre",de 1984-1985, por exemplo, há espaço para harmonias de jazz, orquestrações de música de filme dos anos 50, pulsação de rock e insinuações dodecafônicas. A princípio, nada fica fora de seus processos de justaposição e colagem. O titulo já é uma paródia do *Tratado de harmonia,* de Schoenberg, último dos grandes tratados de harmonia da história da música e editado no momento em que o próprio Schoenberg já demonstrava que os caminhos estavam abertos para o abandono do tonalismo. Tudo se passa como se Adams se colocasse no limiar deste momento histórico, mas para fornecer sua própria versão a respeito do que se abre a partir do esgotamento das funções construtivas do sistema harmônico tonal. Abre-se uma era da disponibilização integral do material e livre uso de formas. Livre uso perfeitamente ilustrado pelo próprio Adams a respeito de uma outra de suas peças *Grand pianolla music,* de 1982: "Pense em Beethoven e Rachmaninoff tomando banho no mesmo box com Liberace, Wagner, The Supremes, Ives e John Philip Sousa".

No entanto, para que sequências pianísticas de glissandos e arpeggios dignos de Liberace convivam de maneira relativamente "harmônica" com desenvolvimentos cromáticos wagnerianos é necessário uma grande dose de indiferença em relação à resistência dos materiais através da redução destes a um gênero de *imagem sonora* submetida a princípios gerais de estilização, ou seja, à condição de clichês. Só desta forma, Adams pode trabalhar seus materiais sonoros de forma tal que, ao final, eles parecem construir uma totalidade orgânica incapaz de ferir os ouvidos acostumados à forma-sonata e digna dos momentos áureos do tonalismo. Em um incrível passe de mágicas, a multiplicidade de materiais parece transformar-se em um grande contínuo onde tudo pode entrar e sair sem abalar o solo seguro de um desenvolvimento que esconde suas justaposições. Passe de mágicas possível porque a composição virou um "jogo de máscaras", isto no sentido de um jogo musical sobre a própria música: palavras usadas por Adams a fim de caracterizar seu próprio trabalho e que, não por acaso, repetem o diagnóstico adorniano sobre Stravinsky. Nada mais exemplar aqui do que o segundo movimento de *Century Rolls,* de 1996: uma paródia das *Gymnopédies,* de Satie que já está indicada no próprio título do movimento, *Manny´s gym.* Paródia feita da articulação entre as modulações de Satie e arranjos de piano-bar.

Adams teria certamente uma outra versão para tal ecletismo pressuposto pelo discurso da disponibilização integral do material. Em um tom claramente afirmativo, ele falaria da multiplicidade que compõe a "América" enquanto espaço livre das hierarquias e distinções que marcaram a "velha Europa". O ecletismo de sua música seria apenas o resultado de um "retorno à experiência ordinária" que, na era da urbanidade, tudo mistura e às formas musicais enraizadas em práticas comunais de interação social. Este tom afirmativo da "entificação" da vida cotidiana seria, ainda, acompanhado pelo espiritualismo de Emerson e Thoureau. É desta forma que Adams pode afirmar: "Eu logo percebi que a música dodecafônica estava muito divorciada da experiência comunal", sem problematizar o fato de que este divórcio era o resultado do esvaziamento da própria noção de "experiência comunal" na era da universalização da forma-mercadoria.

No entanto, não deixa de ser sintomático que esta "estetização musical de um plano de imanência" vinculado à multiplicidade pura disposta no campo de experiências comunais seja conjugada através de fortes doses de ironização dos materiais com os quais as obras são compostas. Na verdade, *as obras só podem realizar suas promessas de imanência através da ironização*, exatamente como era o caso das exigências de "autenticidade" que animavam o programa estético de Stravinsky. No fundo, se tratava de uma autenticidade que só podia se realizar de forma irônica. Cinismo adequado para a estetização dos modos contemporâneos de funcionamento da ideologia.

Neste sentido, a obra de Thomas Adès representa um problema suplementar. A herança minimalista de Adams ainda marca sua música com exigências de clareza na escrita; exigências derivadas do pulso regular e do máximo uso de recursos muitas vezes reduzidos. É verdade que não se trata mais de recursos minimais como os que marcam *Phrygian Gates* ou *Light over Water* (embora obras tardias como *Lollapalooza*, de 1995, ainda devem ser compreendidas nesta chave) mas mesmo em peças de construção complexa como *Chamber Symphony*, de 1992 nota-se claramente o esforço de Adams em dar visibilidade a um conjunto reduzido de ideias norteadoras da forma. Algumas obras de Adès, ao contrário, tendem a partir do que poderíamos chamar de "ambientes desetruturados" que tendem à informidade. Os primeiros compassos de *Concerto conciso*, de 1997-1998 são muito claros neste sentido. As estruturas que se organizam de maneira frágil e instantânea são baseadas, é claro, em clichês musicais que subsistem em contextos que não lhe são próprios. Clichês que remetem a inflexões da gramática musical convencional ou da própria tradição modernista (reduzida ela também à "imagem musical"). De fato, os únicos elementos organizadores são "fetiches em ruínas" ou formas que são destruídas da mesma maneira que uma criança destrói brinquedos e depois tenta remontá-los à força (os casos exemplares aqui são o tango de *Arcadiana* e o "tecno" de *Asyla,* movimento chamado ironicamente de *Ecstasio*). Esta forma consegue absorver sua própria desestruturação sem, com isto, colocar em questão a noção de que só há ordem através de materiais fetichizados. Desta maneira, ela flerta com o informe sem abandonar a sustentação de um princípio de organização a respeito do qual ela faz toda questão de enfatizar sua descrença. Mesmo o informe pode servir para sustentar uma ordem que vigora através da sua própria descrença.

CaDeRNOS uLtRamaRes

9 786586 969625 74